MEIN Bio BALKON

NADJA BUCHCZIK

MEIN Bio BALKON

GEMÜSE, KRÄUTER, OBST

Ernte glück

AUF KLEINSTEM RAUM

EMF

EIN BUCH DER
EDITION MICHAEL FISCHER

INHALT

VORWORT

Ernteglück

BIO, LOGISCH!

Nahrungsmittel selbst zu produzieren ist Wunsch und zugleich Trend geworden. Kaum verwunderlich – nach vielen Lebensmittelskandalen, dem starken Einsatz von Pestiziden in der Landwirtschaft und der oftmals geringen Vielfalt im Supermarkt. Wer wie ich schon häufiger auf der Suche nach den liebsten Kräutern verzweifelt ist, tut gut daran, selbst zu Schaufel und Erde zu greifen. Mit der Entscheidung, eigene Kräuter, Obst und Gemüse anzupflanzen, eröffnet sich eine ganz neue und spannende Welt!

Sicher werdet ihr auf dem Balkon nicht alles selbst und schon gar nicht in größeren Mengen anbauen können. Doch letztlich ist es weniger wichtig, wie viel man erntet, sondern *dass* man es tut. Den Pflanzen beim Wachsen zuzusehen beruhigt die Sinne und der Geschmack der eigenen Ernte ist unvergesslich. Ganz gleich, ob auf einem Fenstersims in Niederntudorf oder dem Altbaubalkon in Berlin: Sicher ist, Gärtnern sorgt für Spaß und Spannung!

Persönlich pflanze und pflege ich meine Kräuter, Obst- und Gemüsepflanzen ausschließlich mit natürlichen Mitteln. Auf diese Weise kann ich ohne Reue genießen, schließlich halte ich bei der Ernte ein echtes Bioprodukt in den Händen. Auf den kommenden Seiten findet ihr deshalb Wissenswertes zum Biogärtnern in Kästen und Töpfen.

Mal geht ein zartes Pflänzchen ein, mal fällt die ersehnte Ernte trotz liebevoller Pflege gering aus. Kleine Niederlagen gehören einfach dazu. Dieses Buch soll euch inspirieren und helfen, euren Balkon in eine kulinarische Stadtoase zu verwandeln, jedoch keine Patentrezepte geben. Von der Anzucht bis zur Ernte sammelt jeder wichtige Erfahrungen und lernt viel aus seinen Fehlern. Ein paar davon kann man vermeiden – dabei hilft euch dieses Buch!

Ein schönes Balkongartenjahr wünscht euch

Nadja

PRAXIS

Start ins Gärtnerleben

EINFACH LOSLEGEN!

Ein chinesisches Sprichwort sagt:
„Das Leben beginnt mit dem Tag, an dem man einen Garten
anlegt." Oder eben dann, wenn in Töpfe und Kästen die
eigenen Kräuter und Gemüsepflanzen einziehen. In diesem
Kapitel findet ihr Wissenswertes für einen gelungenen
Start in ein genussvolles Gärtnerleben.

SAISONAUFTAKT

AUF DIE PLÄTZE, FERTIG, GRÜN!

Es ist kein Geheimnis, dass auch inmitten der Stadt, ohne großen Garten, der Traum von der eigenen Ernte wahr werden kann. Für den Anbau von knackigem Gemüse, aromatischen Kräutern und süßen Früchten braucht man kein großes Gemüsebeet. Viele Pflanzen lassen sich in Gefäßen auf dem Fensterbrett, in einer Ecke des Hinterhofs oder auf Balkon und

Terrasse kultivieren. Vielleicht ist es auch die Bäckerkiste im Gemeinschaftsgarten, in der ihr eure Radieschen pflanzen möchtet. Das Prinzip eines Topfgartens funktioniert überall gleich und bietet sogar im Garten einige Vorteile. Zwar wird man als Topfgärtner nicht alles selbst anbauen können, doch Kräuter spontan zu ernten und der Zucchini beim Wachsen zuzusehen bereitet große Freude.

Wer auf wenigen Quadratmetern vor der Tür Kräuter, Gemüse und Obst pflanzen möchte, hält genau das passende Buch in den Händen: Ihr findet auf den folgenden Seiten jede Menge Tipps und Tricks rund um das Topfgärtnern mit Nutzpflanzen, die euch helfen, möglichst viele Früchte eurer Arbeit zu ernten.

....

PLATZ DA – SITZEN IM GRÜNEN!

Wer seinen Platz zum Gärtnern gefunden hat, sollte ihn genauer unter die Lupe nehmen. Wie viel Platz für Tisch und Stühle oder eine Hängematte sowie Pflanzen und Gefäße tatsächlich vorhanden ist, zeigt sich, wenn man einmal Maß nimmt. Um passende Möbel zu finden und die Möglichkeiten des eigenen Anbaus einzuschätzen, kann ein Plan helfen. Mit dem Zollstock ist schnell ermittelt,

- wie groß die Grundfläche ist,

- wie viele Meter Geländer zur Verfügung stehen, um Balkonkästen sicher aufzuhängen,

- wo sich der optimale Platz für die Sitzecke oder den Balkontisch befindet.

Mein Balkon liegt direkt an der Küche, deshalb habe ich einen Topf mit Kräutern in der Nähe der Tür platziert, um sie bei jedem Wetter trockenen Fußes ernten zu können. Anhand der erstellten Skizze lassen sich auch die Bepflanzung und Positionierung der Gefäße ein wenig planen.

....

Wie ihr den begrenzten Raum auf dem Balkon in eine grüne Oase verwandeln könnt, zeigen euch Ideen zu Pflanzgefäßen sowie Wissenswertes zu den wesentlichen Arbeitsgeräten, der passenden Erde und Bepflanzung. Auf einen Blick liefern euch Kästen, Tipps und Listen die wichtigsten Fakten.

....

PLATZBEDARF DER PFLANZEN

So glücklich der Geschmack der eigenen Ernte macht, so unglücklich wird man, wenn der Platz zum Sitzen schwindet. Bei aller Freude über die eigene Ernte muss auch ein wenig Platz für euch übrig bleiben. Sonst wächst die Himbeere vielleicht über den Kopf oder die Blätter der Zucchini lassen euch keinen Fuß

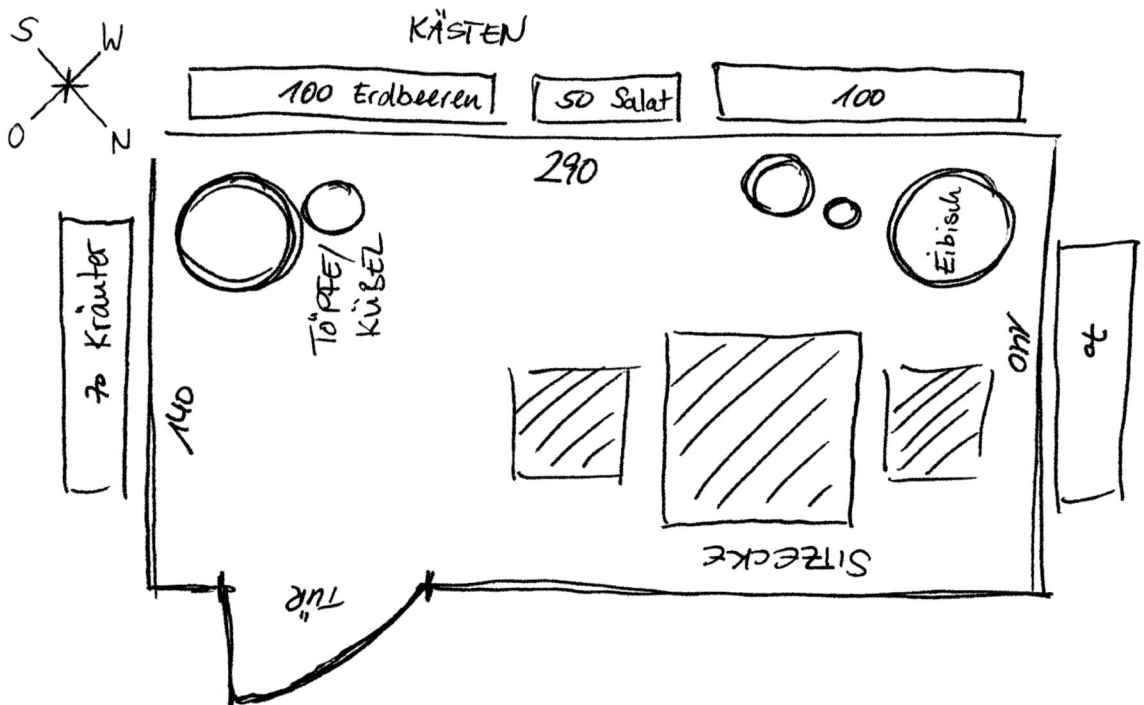

mehr auf die Erde bekommen. Achtet bei der Planung unbedingt auf die verschiedenen Wuchshöhen und -arten. Schließlich ist der Platz auf dem Balkon die wichtigste Ressource.

Empfehlungen für die Wahl von Saatgut und Pflanzen, Informationen zur Pflege und Gesundheit sowie Anregungen für den Anbau mit natürlichen und einfachen Mitteln geben Antwort auf zahlreiche Fragen, die euch möglicherweise begegnen. Übersichtliche Pflanzenporträts zu Kräutern, Gemüse und Obst lassen durch Symbole schnell erkennen, welche Bedürfnisse die jeweilige Pflanze hat.

PLATZ IN DER SONNE

Licht, Wasser, Nährstoffe und Temperatur sind die Grundlagen für ein gesundes Wachstum der Pflanzen. Doch auch Wind spielt beim Balkon- und Topfgärtnern eine große Rolle. Nicht nur warme Temperaturen lassen die Erde in den Töpfen schnell austrocknen, der Wind tut es auch. Ein Segel oder eine entsprechende Bepflanzung kann als Sonnen- bzw. Windschutz dienen und sich an sehr luftigen Orten

lohnen. Er kann darüber hinaus helfen, großblättrige Pflanzen, deren Blätter von starkem Wind schnell in Mitleidenschaft gezogen werden, vor Schäden zu bewahren.

Sonne satt oder Schatten pur: Erfahrt auf der nächsten Doppelseite alles Wichtige zu Standortbedingungen und Lichtverhältnissen.

ERKLÄRUNG ZU DEN SYMBOLEN

STANDORT & LICHTVERHÄLTNISSE

 sonnig

 halbschattig

 schattig

WUCHS

 Wuchsform und -höhe

KULTUR

 einjährig

 mehrjährig / nicht winterhart

 mehrjährig / winterhart

 mehrjährig / Winterschutz

VERMEHRUNG

 Direktaussaat: in Kästen und Töpfen auf dem Balkon

 Vorkultur: im Haus auf der sonnigen Fensterbank

 Vermehrung über Stecklinge (siehe Seite 53), Steckhölzer, Teilung, Ausläufer, ...

ERNTE

 Erntezeitraum

 Blütezeitraum

PFLEGE

 Wasser- und Nährstoffbedarf

Exkurs

HIMMLISCHE BALKONE

LICHT- UND SCHATTENSEITEN

Nicht allein die Größe eures Balkons entscheidet über die Möglichkeiten des Anbaus; wichtig sind vor allem die Lichtverhältnisse, die sich dort bieten. Ob mit Kompass oder Smartphone: Zuerst solltet ihr ermitteln, ob euer Balkon nach Norden, Osten, Süden oder Westen ausgerichtet ist. Denn die jeweilige Himmelsrichtung zeigt, wie viel Licht den Standort erreichen wird. Zum anderen kann es das Haus gegenüber oder die hohe Tanne sein, die ihn stark beschattet. Den Sonnenverlauf auf Balkon oder Terrasse solltet ihr zu den verschiedenen Tages- und Jahreszeiten genau beobachten, um einschätzen zu können, ob die Pflanzen im *Schatten*, *Halbschatten*, oder in der *Sonne* wachsen werden.

SONNENKINDER UND SCHATTENPARKER

Pflanzen sollten passend zum Standort ausgesucht werden. An einem Ort, der ihren Bedürfnissen entspricht, können sie sich kräftig und gesund entwickeln. Solche, die sich in der Sonne wohlfühlen, stellt man besser nicht an einen schattigen Platz. Genauso wenig werden Schatten liebende Pflanzen gut an einer Stelle in der vollen Sonne gedeihen. Auf dem Stecketikett sind die Lichtbedürfnisse der Pflanzen meist angegeben. Prüft vor dem Kauf, ob euer Balkon diese Ansprüche überwiegend erfüllt.

NO RISK, NO FUN!

Pflanzen haben einen gewissen Toleranzbereich: Arten, die eigentlich im Halbschatten gedeihen, kommen oft mit etwas mehr Sonne zurecht, wenn sie dafür gut mit Wasser versorgt werden. Wenn ihr eurer Lieblingspflanze zumindest annähernd gute Bedingungen bieten könnt, belohnt sie vielleicht euren Mut. Ein Gärtner wächst mit seinen persönlichen Erfahrungen!

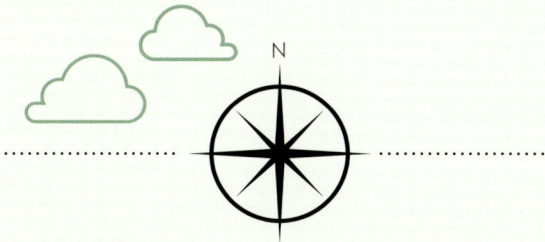

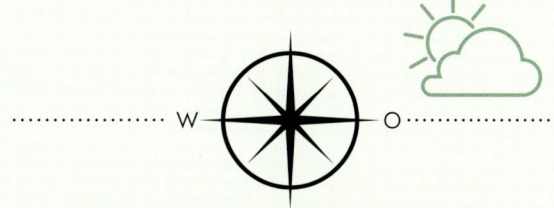

NORDBALKON – ERFRISCHEND KÜHL!

An heißen Sommertagen herrschen an diesem schattigen Platz trotz großer Hitze angenehme Temperaturen. Wenn der Balkon tagsüber zumindest von ein paar Sonnenstrahlen erreicht wird, lassen sich Pflanzen finden, denen wenig Licht zum Wachsen genügt. Da das Wasser im Schatten langsamer verdunstet, müsst ihr hier meist weniger gießen. Vor dem Wässern solltet ihr deshalb besser mit dem Finger prüfen, ob die Erde noch ausreichend feucht ist.

Geeignete Pflanzen: z. B. Bärlauch, Waldmeister, Walderdbeeren

OST- ODER WESTBALKON – GUT GELEGEN!

Als halbschattig werden Standorte bezeichnet, die sich zwar für einige Stunden am Tag in der Sonne befinden, den restlichen Tag über aber im Schatten liegen. Balkone an der Ost- oder Westseite eines Hauses bieten mit diesen ausgeglichenen Lichtverhältnissen besonders vielen Pflanzen ein optimales Zuhause.

Geeignete Pflanzen: z. B. Minze, Zitronenmelisse, Petersilie, Mangold, Kapuzinerkresse, Katzenminze, Salate, Schnittlauch

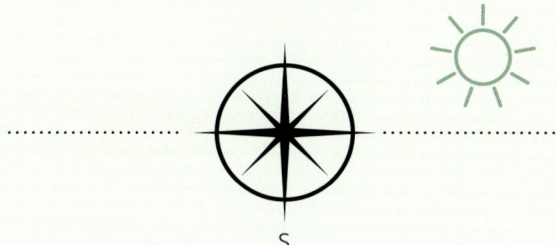

SÜDBALKON – SONNE SATT!

Hier wird unter extremen Bedingungen gegärtnert. Auf Dachterrassen oder auf nach Süden hin ausgerichteten Balkonen sind die Pflanzen oft völlig ungeschützt der Sonne ausgesetzt. Regelmäßiges Gießen ist hier besonders wichtig. Ein Segel schützt die Pflanzen vor direkter Sonne.

Geeignete Pflanzen: z. B. Rosmarin, Thymian, Salbei, Tomate, Lavendel, Obstgehölze

UTENSILIEN-EINMALEINS

HANDLICH, NÜTZLICH, GUT: DIE ARBEITSGERÄTE

Um als Balkongärtner den ersten „Spatenstich" zu setzen, braucht ihr nur ein paar handliche Werkzeuge. Kauft euch lieber wenige und dafür gute Stücke, die euch viele Jahre begleiten werden. Mit etwas Glück lässt sich das ein oder andere Utensil auf dem Flohmarkt finden, sodass die Investitionen für den Start überschaubar bleiben. Gerade im Frühling gibt es mittlerweile in vielen Städten oder auch bei Kleingartenvereinen spezielle Gartenflohmärkte.

MATERIALWAHL

Die Materialien sind bei der Wahl der Gerätschaften Geschmackssache: Eine verzinkte *Gießkanne* sieht hübsch aus, ist aber vom Eigengewicht schwerer als eine aus Kunststoff. Mit zehn Liter Fassungsvermögen und der Aussicht, über den Sommer einige Kannen voll Wasser auf den Balkon tragen zu müssen, kann das Gewicht ein ausschlaggebendes Kriterium

sein. Viel entscheidender ist jedoch ein abnehmbarer Brausekopf. Die Blätter der Pflanzen sollten beim Gießen möglichst wenig nass werden – das gelingt ohne Aufsatz meist besser.

QUALITÄTSKONTROLLE

Vor dem Kauf einer *Handschaufel* und *Gartenschere* solltet ihr die Verarbeitung genau prüfen. Die Blätter sollten fest mit stabilen Griffen verbunden und „rostfrei" sein, sonst währt die Freude daran nicht lang. Das Wichtigste an einer Gartenschere sind ihre scharfen Klingen, die sich schärfen und wechseln lassen sollten. Stumpfe Klingen quetschen mehr, als dass sie schneiden, was Pflanzenteile verletzen und Pilzbefall an den Wunden begünstigen kann.

REINHEITSGEBOT

Nach der Benutzung solltet ihr alle eure Werkzeuge gründlich reinigen. Um sie von anhaftender, feuchter Erde zu befreien, reicht es dabei vollkommen aus, sie mit einem *Handbesen* abzufegen. Habt ihr jedoch kranke Pflanzen geschnitten, sollten die Klingen der Schere besser mit *Alkohol* desinfiziert werden. So übertragen sich die Krankheiten bei der weiteren Benutzung nicht auf gesunde Pflanzen.

NICE TO HAVE

Stabile *Stäbe* sowie ein paar Meter *Schnur* solltet ihr ebenfalls griffbereit haben. Stürmt es oder werden Blüten und Früchte zu schwer, müssen die Pflanzen gestützt und angebunden werden, damit die Zweige nicht abknicken. Im Baumarkt sind Bambus- und Metallstäbe erhältlich, die sich als Rankhilfen oder Stützen gut eignen. Auch Zweige von Weiden oder Haselnuss könnt ihr verwenden. *Zeitungspapier* als Unterlage für das Bepflanzen der Töpfe, ein *Tuch* zum Abtrocknen und Säubern der Hände und eine *Holzkiste,* um Pflanzen gesammelt von A nach B stellen zu können, haben sich bei mir als zusätzliche und sehr praktische Helfer erwiesen.

DOSEN, KÄSTEN, TÖPFE: DIE PFLANZGEFÄSSE

Vielzählige Möglichkeiten tun sich auf, überlegt man, welche Gefäße auf dem Balkon, der Terrasse oder dem Hinterhof den Pflanzen ein Zuhause geben könnten. Auch im Garten kann diese Art zu gärtnern durchaus attraktiv sein: Topfgärten bleiben mobil und den Pflanzen können genau die Bodenverhältnisse geboten werden, die sie benötigen. Sicher spielt bei der Gefäßwahl der vorhandene Platz eine genauso große Rolle wie der persönliche Geschmack. Doch ob bunt oder dezent, rund oder eckig: Beim Aussuchen von Größe und Form der Gefäße sollten die individuellen Bedürfnisse der unterschiedlichen Pflanzen immer an erster Stelle stehen.

BREITE × HÖHE × TIEFE

Die Wahl der Gefäße richtet sich nach dem Wuchs, der Wurzeltiefe sowie dem Bedarf an Nährstoffen der Lieblingspflanzen. Rote Bete oder Möhren benötigen z. B. ausreichend Beinfreiheit von mindestens 40 cm. Radieschen und Salat kommen hingegen mit 15 bis 20 cm Erde aus. Sie sind daher auch in flacheren Töpfen oder Balkonkästen gut aufgehoben. Hohe, ausladend wachsende Pflanzen, wie z. B. Himbeeren, bringt man für einen sicheren Stand am besten in einem größeren Gefäß unter.

KÄSTEN MIT DEM GEWISSEN ETWAS

Balkonkästen für das Geländer gibt es in verschiedenen Größen, Farben und Formen, sodass wohl jeder Gärtner zu seinem Kasten findet. Es lohnt sich, in Kästen mit einem *Wasserspeicher* und größerem Fassungsvermögen zu investieren. Diese sind zwar etwas teurer, zahlen sich aber für den Balkongärtner und seine Pflanzen aus. Über den integrierten Speicher werden die Pflanzen mit Wasser versorgt, sodass ihr deutlich seltener gießen müsst, ohne dass die Pflanzen in trockener Erde leiden. Pflücksalate und Erdbeeren sind je nach Witterung bis zu einer Woche mit Wasser aus dem Speicher versorgt.

LOW BUDGET

Nostalgische Blechdosen sind für einen Küchenbalkon eine der schönsten Möglichkeiten, Kräuter und Gemüse anzubauen. Ganz nebenbei schont ihr euren Geldbeutel und verwertet Verpackungen wieder. Das Sortiment in türkischen oder griechischen Läden bietet schön bedruckte Olivendosen. Kleinere Öl-, Tee- oder Gewürzdosen kann man manchmal auch im Supermarkt aufstöbern. Passend präpariert, fühlen sich Pflanzen in Dosen rundum wohl.

SO WIRD'S GEMACHT: DOSEN PRÄPARIEREN

- Etwa daumenbreit vom unteren Rand entfernt stecht ihr mit Hammer und Nagel auf einer Höhe Löcher in die Seitenwände.

- Nun gebt ihr Kies als Drainageschicht hinein. Diese Füllung sollte bis etwa 1 cm über die Lochlinie reichen. Später kann sich hier überschüssiges Gießwasser sammeln und abfließen.

- Damit die Erde beim Gießen nicht in den Kies gespült wird, deckt ihr die Drainageschicht mit einem Stück Gartenvlies ab.

- Anschließend füllt ihr die Dose mit Erde auf und bepflanzt sie nach Lust und Laune.

PRAXISTIPP

Mit einem Wasserstandsanzeiger im Kasten erkennt ihr sofort, wann gegossen werden muss. Dieses „Frühwarnsystem" verrät, wann der Vorrat im Speicher zur Neige geht.

STAUGEFAHR

Egal, für welches Gefäß ihr euch entscheidet, es muss dafür gesorgt sein, dass überschüssiges Wasser gut ablaufen kann. Bleibt es im Topf eingeschlossen, bildet sich Staunässe, die Wurzeln fangen an zu faulen und die Ernte fällt leider aus. Aus größeren Gefäßen kann Wasser besser ablaufen, wenn man sie z. B. auf zwei Holzlatten stellt. Wenn ihr für guten Wasserablauf sorgt, können auch originelle Gefäße, die ursprünglich eine andere Funktion hatten, in ein schönes Zuhause für die Pflanzen verwandelt werden.

HUSCH, HUSCH INS TÖPFCHEN!

Wenn kein Frost mehr zu erwarten ist (ab Mitte Mai bzw. nach den Eisheiligen), können auch frostempfindliche Pflanzen in einen Topf oder Kasten auf dem Balkon einziehen. Habt ihr die Gefäße mit einer Wurzelbürste von alten Erdresten befreit, gereinigte Upcycling-Gefäße präpariert und euch für passende Pflanzen entschieden, kann es losgehen.

UTENSILIENLISTE / GEFÄSSE BEPFLANZEN

....

✓ auf die Bedürfnisse der jeweiligen Pflanzenarten abgestimmte Gefäße auswählen

....

✓ Schale oder Eimer zum Wässern der Pflanzen

....

✓ Tonscherben zum Abdecken der Abflusslöcher

....

✓ passende Erde (siehe Seite 21)

....

✓ Löffel oder Handschaufel zum Befüllen

....

✓ gesunde Pflanzen (siehe Seite 26)

....

✓ Gießkanne mit Wasser

....

PFLANZEN SUCHEN EIN ZUHAUSE

UPCYCLING-GEFÄSSE

Alte Milchkannen, Nudelsiebe, Kellen oder Kaffeefilter aus Porzellan lassen sich im Handumdrehen in Pflanzgefäße verwandeln. Haben sie nicht von „Natur aus" Löcher, aus denen Gießwasser abfließen kann, muss man sie entsprechend präparieren. Mit Abflusslöchern versehene Bälle oder Schuhe können ebenfalls bepflanzt werden.

HOLZKISTEN

Wein- oder Champagnerkisten eignen sich ausgezeichnet z. B. zum Anbau von Radieschen. Um sie wetterfest zu machen, sollte man die Kisten ölen. Ein Lack würde die Oberfläche verschließen, sodass die Wurzeln schlechter mit Sauerstoff versorgt werden. Außerdem bleiben so die dekorative Prägung und Beschriftung auf der Kiste sichtbar.

TERRAKOTTATÖPFE

Die Töpfe aus gebranntem Ton sind echte Klassiker und das aus gutem Grund: Den Pflanzen bieten sie mit ihrer durchlässigen Oberfläche ein angenehmes Klima an den Wurzeln. Durch kalkhaltiges Gießwasser entsteht mit der Zeit auf der Außenseite eine Patina. Wer diese Kalkränder nicht mag, kann sie mit einer Bürste und verdünnter Essigessenz oder Zitronensäure entfernen.

SÄCKE UND TASCHEN

Zum Bepflanzen eignen sich Reissäcke, reißfeste Taschen (z. B. die des schwedischen Möbelhauses) oder gar der Sack der Pflanzenerde. Wurzeln mögen es dunkel – daher Finger weg von transparenten Plastiktüten! Vertikales Gärtnern ermöglichen spezielle Pflanztaschen mit Fächern, die für sattes Grün an kahlen Wänden oder der Balkonbrüstung sorgen. Eine clevere Lösung, die den knappen Platz optimal nutzt!

SO WIRD'S GEMACHT: GEFÄSSE BEPFLANZEN

- Löst die Pflanzen vorsichtig aus den Töpfen und stellt sie in eine mit Wasser gefüllte Schale. Sie wachsen besser ein, wenn sich der Wurzelballen zuvor gut mit Wasser vollgesogen hat.

- Deckt die Abflusslöcher im Boden der Töpfe mit einer nach oben gewölbten Tonscherbe ab. Dann wird keine Erde beim Gießen ausgespült.

- Anschließend füllt ihr das Gefäß mit einer Schicht Erde auf und drückt sie ein wenig an.

- Ehe die Pflanzen eingesetzt werden, lockert ihr den Wurzelballen vorsichtig mit den Fingern.

- Beim Einpflanzen sollten die Pflanzen nicht tiefer gesetzt werden, als sie vorher aus der Erde geschaut haben. Zudem sollte der Wurzelballen etwa 2 cm unterhalb der Gefäßkante sitzen. Dieser Rand verhindert, dass später das Wasser beim Gießen überläuft.

- Füllt die Hohlräume rund um den Wurzelballen mit Erde auf und drückt sie leicht an, sodass der oben beschriebene Gießrand entsteht.

- Damit die Wurzeln gut in die Erde einwachsen, wird zum Schluss kräftig gegossen.

PRAXISTIPP

Hanging Baskets sind Gitterkörbe, die mit Sackleinen oder Kokosmatten ausgelegt werden. Diese natürlichen Materialien sind sehr wasserdurchlässig; ein mit Löchern versehenes Stück Teichfolie über der Kokosmatte sorgt in meinem Hanging Basket dafür, dass das Gießwasser langsamer abläuft.

DIE PASSENDE ERDE

NÄHRSTOFFE FÜR GESUNDES WACHSTUM

Balkongärtner eint ein schweres Schicksal: Um alle Gefäße zu befüllen, muss säckeweise Erde oft hoch hinaufgeschleppt werden. Die wichtigste Hardware scheint da die eigene Muskulatur. Spinat auf dem Anbau- bzw. Speiseplan soll für den nötigen „Popeye-Effekt" sorgen. Doch wie viel Erde braucht man und welche ist die richtige?

Wie der Mensch benötigen Pflanzen für ein gesundes Leben und Wachstum ein ausgewogenes Nährstoffverhältnis. Eine Standarderde ist für das Gärtnern in Töpfen ausreichend und bietet den Pflanzen bereits eine gute Nährstoffbasis. Das Besondere am Topfgärtnern ist allerdings, dass die Nährstoffe nur in einer begrenzten Menge zur Verfügung stehen. Anders als im Beet, können die Pflanzen ihre Wur-

zeln im Topf nicht in tiefere Schichten wachsen lassen, wenn die Nährstoffe knapper werden. Es ist daher wichtig, sie zusätzlich zu versorgen.

STRUKTUR GEBEN
Optimal ist eine Erde oder, wie der Profigärtner sagt, ein Substrat, das die Feuchtigkeit speichert, aber trotzdem durchlässig ist. Die Wurzeln wollen gut mit Wasser versorgt werden, doch gleichzeitig auch atmen können. Damit die Erde beim häufigen Gießen über den Sommer nicht verschlammt, sind in Blumenerde auflockernde Stoffe enthalten, die für eine gute Durchlüftung sorgen.

ERDE KAUFEN
Wer mit einem biologischen Ansatz gärtnert, greift zu einer Erde aus natürlichen Rohstoffen, die rein organisch aufgedüngt ist (siehe Kasten auf Seite 23).

Mit einer solchen Bioerde schafft ihr die Voraussetzungen für einen ökologischen Anbau eurer Pflanzen. Achtet beim Kauf darauf, dass die Rohstoffe den Standards der EG-Öko-Verordnung entsprechen. Darüber hinaus solltet ihr auch bei Bioerde darauf achten, dass sie torffrei ist. Zwar sorgt Torf dafür, dass das Substrat eine gute Durchlässigkeit aufweist, der Abbau der Moore zur Torfgewinnung ist aus ökologischer Sicht allerdings ein absolutes Tabu. Hier gibt es gute Alternativen (siehe Kasten auf Seite 23), sodass man durch den Verzicht auf Torf einen entscheidenden Beitrag zum Erhalt der Moorlandschaften und dadurch zum Tier- und Klimaschutz leisten kann.

DIE MENGE MACHT'S!

Etwas Orientierung zur benötigten Menge bieten die Angaben zum Volumen auf den Töpfen und Kästen. Vor der Fahrt in das Gartencenter lohnt es sich, einen Blick darauf zu werfen, um die erforderliche Menge zu kalkulieren. Trotzdem: Hat man für den 20 Liter fassenden Topf dieselbe Menge Erde gekauft, wird man oft feststellen, dass das Gefäß nicht voll wird. Ist die lockere Erde leicht angedrückt und gewässert, muss nachgefüllt werden. Es ist also mehr Erde nötig, als es auf den ersten Blick scheint.

VORHANDENE ERDE PIMPEN

Viele wichtige Nährstoffe sind nach einer Saison verbraucht. Würde man in diese Erde nun neue Pflanzen setzen, fehlen ihnen wichtige Stoffe für ein gesundes Wachstum. Dennoch müsst ihr nicht die gesamte Erde der Vorsaison wegwerfen. In der Biotonne muss nur die Erde entsorgt werden, die

- stark durchwurzelt ist – das ist meist in kleineren Töpfen der Fall,

- mit Schädlingen und Pilzkrankheiten betroffene Pflanzen beherbergt hat,

- von Raupen, Fliegen oder Käfern bewohnt wird,

- muffig riecht oder keine krümelige Beschaffenheit mehr aufweist.

Die für gut befundene Erde könnt ihr sieben, um sie von größeren Bestandteilen und Wurzelresten zu befreien. In einer großen Wanne ergänzt ihr eine Standarderde und reichert das Gemisch mit Kompost und organischen Düngern für die neue Saison an (siehe Kasten auf Seite 23).

MERKLISTE / TORFFREI GÄRTNERN

✓ Moore bieten Tieren und Pflanzen einen einmaligen, schützenswerten Lebensraum und tragen durch das Speichern von Kohlenstoff einen wichtigen Teil zum Klimaschutz bei.

✓ Der Torfabbau zerstört jedes Jahr nicht nur die wenigen noch vorhandenen intakten Moorflächen, sondern setzt auch eine große Menge Kohlendioxid (CO_2) frei.

✓ Torf wird im gewerblichen Gartenbau zur Bodenverbesserung eingesetzt. Viele Blumenerden bestehen daher bis zu 90 Prozent aus Torf.

✓ Als Freizeitgärtner sollte man beim Kauf von Erde auf den Vermerk „ohne Torf" bzw. „torffrei" achten und zur Verbesserung der Durchlässigkeit alternative Stoffe wählen (siehe nebenstehender Kasten).

DIE RICHTIGE MISCHUNG MACHT'S

STANDARDERDE PLUS...

Am besten serviert ihr euren eigenen „Erdcocktail". Dafür mischt ihr in einer großen Wanne zwei Teile einer Standard-Bioerde mit einem Teil Kompost und einem Teil Rindenhumus. Die beiden Komponenten erhöhen das Nährstoffangebot und sorgen mit einer durchlässigen Struktur dafür, dass die Pflanzen im Topf gut versorgt sind.

KOMPOST

Aus Grünabfällen gewonnener Kompost ist ein hervorragender Lieferant für Kalium und Phosphor. Diese Nährelemente machen die Pflanzen widerstandsfähiger gegenüber Krankheiten und sorgen für ein kräftiges Wurzelwachstum. Beziehen kann man ihn über die städtischen Kompostwerke. Oder vielleicht hat euer sympathischer Nachbar etwas Gartenkompost übrig?

RINDENHUMUS

Rindenhumus sollte nicht mit seinem gröberen Bruder Rindenmulch verwechselt werden. Rindenhumus enthält weniger Gerbstoffe als Rindenmulch und dient der Bodenverbesserung. Da er im Gartencenter oft nur in großen Mengen erhältlich ist, sind Blähton, Tongranulat oder Kokosfaser Alternativen für eine gute Durchlässigkeit.

LANGZEITDÜNGER

Den „Cocktail" verfeinere ich mit einer Handvoll Hornspänen. Die Pflanzen werden so mit organischem Langzeitdünger versorgt, der für ausreichend Stickstoff im Boden und dadurch für gutes Wachstum der Pflanzen sorgt. Je feiner das Horn gemahlen wurde – ob zu Mehl, Grieß oder Spänen –, desto schneller entfaltet der Dünger seine Wirkung. Bei Hornspänen ist das nach zwei bis drei Monaten der Fall, also dann, wenn Düngen notwendig wird (siehe Seite 43).

PLATZ GESCHICKT NUTZEN

BAUMELN LASSEN

Ihr denkt: Blumenampeln eignen sich nur für eine altbackene Gestaltung des Balkons? Von wegen! Zwischen den Pfeilern eures Balkons lässt sich vielleicht ein stabiles Seil spannen, an dem ihr Töpfe oder Blumenampeln aufhängen könnt. Wer nicht extra Töpfe mit Aufhängung kaufen möchte, knüpft mit der Knotentechnik Makramee aus bunten Schnüren oder Hanfseil eine schöne Aufhängung für vorhandene Gefäße. Die ist im Handumdrehen selbst gemacht und setzt kleinere Töpfe oder auch Dosen schön in Szene. Achtet darauf, dass die Aufhängung gut befestigt ist, und verwendet möglichst leichte Gefäße.

BODEN DER TATSACHEN

Auf einem Balkon ist Platz rar und jeder Meter am Geländer gezählt. Weitere Stellflächen auf kleinem Raum lassen sich mit Podesten schaffen. Verschiedene Ebenen tragen optisch zur Gestaltung bei und bieten den Pflanzen mehr Licht als auf dem Boden. Kreative Lösungen lassen sich mit etwas Fantasie im eigenen Haushalt oder im Trödelladen finden:

- selbst gebaute Regale aus Weinkisten

- kleine Hocker oder ausgediente Stühle

- nostalgische Schränkchen, bei denen man die Schubladen aufziehen und bepflanzen kann

- alter Baumstumpf

TOPFTURM

Was die Kräuterspirale im Garten ist, ist der Kräuterturm auf dem Balkon! Ein Turm aus Tontöpfen, die von einer Stange gehalten werden, eignet sich ausgezeichnet für Kräuter. Dafür benötigt ihr 4–6 unterschiedlich große Tontöpfe. Die Basis bildet dabei der größte Topf mit einem Durchmesser von etwa

30–40 cm. Zunächst wird ein Bambus- oder Metallstab in den untersten, mit Erde gefüllten Topf gesteckt. Dann werden Schritt für Schritt die kleineren Töpfe der Größe nach darauf gestapelt und mit Erde gefüllt. Damit das Gießwasser gut ablaufen kann, füllt ihr als Drainageschicht einige Zentimeter hoch Kies bzw. Steinchen in jeden Topf.

EIN HOCH AUFS BEET!

Für ein echtes Hochbeet benötigt man eher eine große Dachterrasse als einen kleinen Stadtbalkon. Wenn ihr trotzdem ein Hochbeet auf dem Balkon aufbauen möchtet, fragt vorher beim Vermieter nach der Traglast des Balkons und entscheidet euch am besten für ein Tischhochbeet. Diese Modelle sind leichter und bieten unterhalb des Pflanzkastens Stauraum. Als selbst gebaute Alternative eignen sich gestapelte Bäcker- oder Weinkisten. Sie sind schnell zu einem Hochbeet umfunktioniert. Ein solches improvisiertes Modell bietet nicht nur mehr Platz für Pflanzen als ein schmaler Kasten, sondern ermöglicht euch zugleich rückenschonendes Arbeiten. Die Kiste kleidet ihr mit Zeitungspapier, Folie oder Jute aus. Bevor ihr Erde einfüllt, gebt ihr eine Drainageschicht aus Blähton oder Kies hinein. Schon kann das Mini-Hochbeet bepflanzt werden!

PFLANZENLEITER

Wer im Keller oder auf dem Flohmarkt eine alte Holzleiter aufstöbert, kann vielfältig in der Vertikalen gärtnern. Wenn die Sprossen ausreichend breit sind, könnt ihr Töpfe, Dosen oder verschiedene andere Upcycling-Gefäße daraufstellen. Oder ihr befestigt PET-Flaschen als Pflanzgefäße daran: Die sauberen Flaschen werden zugeschraubt und an der Oberseite mit einem rechteckigen Loch versehen. Kleine Abflusslöcher auf der Unterseite nicht vergessen!

DER KLASSIKER

Das Bepflanzen von Paletten gehört für viele Stadtgärtner auf Balkonen und in Gemeinschaftsgärten schon zu den Klassikern des vertikalen Gärtnerns. Neben der Standard-Europalette findet man mit etwas Glück auch kleinere Exemplare, sogenannte Viertel- oder Halbpaletten, die sich für den Balkon sicher besser eignen. Die Palette lässt sich ohne großen Aufwand in ein platzsparendes Beet umbauen, in dem sich Erdbeeren und Kräuter wohlfühlen. In den Unterbau könnt ihr Pflanztaschen aus Teichfolie tackern. Habt ihr eine passende Palette für euren Balkon gefunden, geht es mit der

Utensilienliste (siehe unten) in der Tasche in den Baumarkt, um alles zu besorgen, was ihr dafür bisher nicht im Keller habt.

SO WIRD'S GEMACHT: PALETTENBEET BAUEN

- Mit einer Zange befreit ihr die Palette von hervorstehenden Nägeln und Krampen.

- Meist ist das Holz sehr rau und fühlt sich nach gründlichem Abschmirgeln deutlich besser an. Nehmt hierzu am besten erst grobes, dann mittleres und zum Schluss feines Schleifpapier.

- Wer mag, streicht die Palette in der Lieblingsfarbe, aber auch naturbelassene bzw. mit einer farblosen Lasur behandelte Paletten werden mit der späteren Bepflanzung zu einem echten Blickfang.

- Nun schneidet ihr aus der Teichfolie Rechtecke in entsprechender Größe zu.

- Die Folienstücke nun mit einem Hammertacker so an die Unterkonstruktion der Palette tackern, dass Taschen entstehen, die ihr später bepflanzen könnt.

UTENSILIENLISTE / PALETTENBEET

✓ Kombizange

✓ grobes, mittleres und feines Schleifpapier

✓ Holzfarbe oder -lasur, Farbroller oder Pinsel

✓ stabile Teichfolie

✓ Hammertacker mit passenden Klammern

DIE PFLANZEN

DIE SCHÖNE QUAL DER PFLANZENWAHL

Petersilie, Zitronenverbene, Paprika, Veilchen, Borretsch… Die Wunschliste ist lang, der Platz begrenzt. Mit ein wenig strategischer Planung lassen sich auf kleinem Raum mehr Pflanzen unterbringen als gedacht. Geschickt kombiniert, entpuppt sich so mancher Topf als Raumwunder und die hübsche Blume als guter Nachbar des Gemüses.

NUTZPFLANZEN FÜR DEN BALKON

Viele Kräuter, Salate, Wurzelgemüse und Hülsenfrüchte lassen sich unkompliziert auf dem Balkon anbauen und sind für den Einstieg ins Gärtnern zu empfehlen. Kräuter eignen sich hervorragend für den Anbau in Balkonkästen, sodass sie auf jedem noch so kleinen Fensterbrett einen Platz finden können. Auch Obst von Erdbeeren bis zu kleinen Obstgehölzen könnt ihr auf dem Balkon kultivieren.

BEST OF BALKONGEMÜSE

Zu den Klassikern für Pflanzgefäße gehören Pflücksalate und Radieschen. Denn nach der Direktaussaat im Kasten sind sie bereits nach wenigen Wochen groß genug für die Ernte. Gibt man Rote Bete einen ausreichend tiefen Topf, gedeihen auch sie unproblematisch im Kübel. Topfgärtner greifen beim Anbau von Hülsenfrüchten gern zu Buschbohnen, die durch ihren kompakten Wuchs wenig Platz beanspruchen. Sonnige, überdachte Balkone bieten Tomaten ein optimales Zuhause (siehe Seite 80). Sie lassen sich gut in Töpfen ziehen und sorgen im Sommer für eine aromatische Ernte.

REVIERKÄMPFER

Etwas mehr Platz und Pflege benötigen hingegen Kürbisse, zu deren Unterart auch die Zucchini zählt. Mini-Patissons sind Sommerkürbisse und bilden kleine Kürbisse von etwa 15 cm Durchmesser aus. Allerdings brauchen ihre Pflanzen durch den ausladenden Wuchs genau wie Zucchini mindestens einen halben Quadratmeter Platz.

PARTNERSUCHE

Gemüse- und Zierpflanzen können wunderbar kombiniert werden. Das Duo aus blühenden Sommerblumen und buntstieligem Mangold bildet z. B. einen schönen Farbklecks im Balkonkasten. Unterpflanzt man höher wachsendes Gemüse wie Paprika mit kleineren Zierpflanzen wie Veilchen, nutzt man den Platz im Topf geschickt aus. Eine solche Nachbarschaft spart nicht nur Platz, sondern dient mitunter dazu, dass sich die Pflanzen gegenseitig unterstützen. Kapuzinerkresse ist beispielsweise ein echter Blattlaus-Magnet: Sie lockt die Schädlinge an und kann so empfindlichere Pflanzen, wie eure Obstbäumchen, vor ihnen schützen.

ALLE JAHRE WIEDER…

Mischt man mehrjährige Pflanzen wie Lavendel und Katzenminze mit *Einjährigen* wie Ringelblume oder Studentenblume, schont das den Geldbeutel und man fängt nicht jedes Jahr bei null an. Die Einjährigen machen am Ende der Saison Platz für Neuentdeckungen im nächsten Frühling. Die *Mehrjährigen* treiben nach der Winterruhe wieder aus und bilden den Grundstock für die Bepflanzung der Töpfe. Wollt ihr die einjährige Lieblingspflanze nicht mehr missen, erntet ihr die Samen für die Anzucht im nächsten Jahr (siehe Seite 35).

GEEIGNETE SORTEN

Gut für das Gärtnern in Töpfen eignen sich außerdem „zwergwüchsige" Sorten oder als „balkontauglich" gekennzeichnete Pflanzen. Sie sind für den Anbau in Töpfen besonders geeignet, da sie meist einen weniger voluminösen Wuchs haben. Einige Obstsorten werden als Hochstamm oder Säulen gezogen, sodass in dem Topf von Johannisbeere oder Apfel noch Platz für Kräuter bleibt. Es lassen sich zudem Arten finden, die durch ihre Eigenschaften für den Balkon wie geschaffen sind. Mangold und Pflücksalate z. B. sind in der Ernte sehr ergiebig: Schneidet man immer nur die äußeren Blätter,

wachsen sie nach und können erneut geerntet werden. Die Monatserdbeere (siehe Seite 99) bildet, wie der Name schon verrät, monatelang aromatische Früchte aus. So ist über längere Zeit die Freude am Naschen auf wenig Raum garantiert.

PFLEGEHINWEISE

Egal, woher man seine Pflanzen bezieht, kritisch prüfen sollte man sie immer. Zunächst gibt das Stecketikett wichtige Standort- und Pflegehinweise. Dem Wunsch nach einem schattigen, halbschattigen oder sonnigen Standort (siehe Seite 15) der Pflanze sollte man durch den Platz auf dem Balkon nachkommen können. Auch lässt sich häufig schon erkennen, ob die Pflegebedürfnisse den eigenen Vorstellungen des Pflegeaufwands entsprechen.

DRUM PRÜFE, WER SICH BINDET…

Passen die Bedürfnisse der Pflanze und die Gegebenheiten der künftigen Umgebung zusammen, lohnt es sich, genau hinzuschauen: Die Pflanze sollte kräftig gewachsen und die Erde frei von moosigem Belag sein. Beim Betrachten der Blätter sollten sich keine Flecken oder Fraßstellen offenbaren, die auf Krankheiten oder Schädlingsbefall hindeuten.

Hat die Pflanze den oberirdischen Check bestanden, zieht man sie vorsichtig aus ihrem Topf heraus. Es sollte sich ein fester, gut durchwurzelter Ballen zeigen, in dem keine Tiere oder Larven beheimatet sind. Ist um die Wurzeln nur wenig Erde vorhanden, wächst die Pflanze schon sehr lange in dem Topf. Ein Grund, eine andere zu wählen, da sie nur schwer in neuer Erde einwachsen würde. Dieser prüfende Blick hinter die Kulisse ist sehr wichtig, will man nicht in kurzer Zeit enttäuscht vor seinen Zöglingen stehen, weil sie trotz guter Pflege verkümmern.

ZEIT GEWINNEN

Die meisten Pflanzen werden in Kunststofftöpfen zum Kauf angeboten, was den Transport nach Hause leicht macht und dem Gärtner ein paar Tage Zeit bis zum Einpflanzen verschafft. Pflanzen vom Nachbarn oder Markt, die nicht in Töpfe gepflanzt worden sind, sollten in ein Gefäß mit Erde gestellt werden, bis sie ihren endgültigen Platz im Balkonkasten finden.

LIEBES TAGEBUCH …

Stecketiketten sehen im Balkonkasten leider nicht gerade hübsch aus. Um die vielen wichtigen Hinweise aber nicht zu verlieren, kann man sich in einem selbst gestalteten Balkontagebuch einige Notizen machen. Name und botanische Bezeichnung, ein Foto oder eine kleine Zeichnung sowie Infos zu den Besonderheiten der neuen Lieblingspflanze sind hier wunderbar aufgehoben. Auch bei der eigenen Anzucht ist es sinnvoll, sich Notizen zu machen, um z. B. die Keimdauer im Blick zu behalten. Kontinuierliche Einträge zu Temperatur und Niederschlag während des Sommers können rückblickend erklären, warum die Ernte in einer Saison größer ausgefallen ist als in der anderen. Euren Balkongarten lernt ihr so gleich noch viel besser kennen!

CHECKLISTE / WAS IN DEINEM BALKONTAGEBUCH STEHEN KÖNNTE

✓ Name der Sorte

✓ voraussichtliche Keimdauer

✓ Aussaat- bzw. Pflanzdatum

✓ Innen- bzw. Außentemperatur

✓ tatsächliche Keimdauer

✓ Standort (sonnig, halbschattig, schattig)

✓ Probleme, Krankheiten und Besonderheiten

✓ Wasser- und Nährstoffbedarf

✓ eigene Beobachtungen

AUF EINEN BLICK

PFLANZEN AUS …

… DER GÄRTNEREI

Viele Gärtnereien und Gartencenter bieten unterschiedliche Sorten von Zier- und Gemüsepflanzen aus Biobetrieben an. Eine kleine Einkaufsliste beugt da einem Kaufrausch vor. Pflanzen mit Biosiegel haben ihre Kindheit ohne mineralische Dünger und chemische Pflanzenschutzmittel verbracht, sodass für den Verkauf nur die kräftigsten übrig geblieben sind. Ihr Kauf lohnt sich!

… DER REGION

Das saisonale Angebot von Pflanzen und Setzlingen auf dem Wochenmarkt hat den Vorteil, dass sie in der Region gewachsen und an das Klima gewöhnt sind. Viele Importe aus dem Mittelmeerraum haben bei uns oft schlechtere Chancen zu gedeihen. Tipps vom Gartenprofi gibt es gratis dazu!

… DEM NACHBARGARTEN

Die eigene Saat geht manchmal besser auf als gedacht und die Keimlinge sind viel zu schade für den Biomüll. Jeder Gärtner hat deshalb von Zeit zu Zeit Setzlinge, die er weitergeben kann. Auf Gleichgesinnte trifft man außerdem bei Pflanzenbörsen. Es lohnt sich, Augen und Ohren offen zu halten!

… DEM ONLINESHOP

Der Kauf bei namhaften Gärtnereien, die einen Onlineshop anbieten, ist eine gute Möglichkeit Pflanzen zu ergattern, die lokal nicht erhältlich sind. Hier darf man auch davon ausgehen, dass die Pflanzen pfleglich für den Postweg verpackt werden. Vorsicht bei Katalogen mit Bildern, die überladen blühende oder unglaublich viele Früchte tragende Pflanzen zeigen – hier trügt oft der schöne Schein. Exoten wie Banane oder Zitrusbäumchen tragen in unserem milden Klima meist nicht genügend Früchte für einen Smoothie oder eine Limonade.

Exkurs

BIENEN IN DER STADT

Einen artgerechten Lebensraum für Bienen und Insekten inmitten der Stadt zu schaffen wird immer wichtiger, um die Existenz der bedrohten Arten zu sichern. Auch ihr als Balkongärtner könnt dazu beitragen, dass es lauter summt: „Don't worry, bee happy!"

FLEISSIGE BIENCHEN

A star is born! Die Medien haben die bedrohte Honigbiene verdientermaßen groß rausgebracht: Neben köstlichem Honig haben wir ihr auch die große Vielfalt an Obst- und Gemüsesorten zu verdanken. Denn die Mehrheit der Nutzpflanzen ist auf die Bestäubung durch Bienen angewiesen. Eine sehr große Aufgabe, für die Honigbienen Unterstützung bekommen: Wildbienen, Schmetterlinge, Fliegen und andere Insekten helfen ihr bei diesem wichtigen Job.

EXISTENZÄNGSTE

Neben der Honigbiene sind auch Wildbienen – zu denen auch die Hummel gehört – und andere Insekten in ihrer Existenz bedroht. Sie kämpfen mit dem Einsatz von Pflanzenschutzmitteln in der Landwirtschaft, Parasiten und Lebensräumen, in denen geeigneten Blütenpflanzen fehlen. Heute sieht man an den Feldern nur noch wenige Blühstreifen oder Hecken. Auf dem Land scheint der Lebensraum für Insekten also immer knapper zu werden. Umso wichtiger ist es, möglichst insektenfreundlich zu gärtnern, und das ist sogar auf dem Balkon möglich.

STADTBIENEN

Auf Dächern, Balkonen und in Schrebergärten von Berlin bis New York werden zunehmend Bienen gehalten. „Urban beekeeping" nennt sich die Bewegung. Nun muss man nicht gleich zum Imker werden, um aktiv etwas zu tun. Zahlreiche Initiativen, wie z.B. „Deutschland summt!", setzen sich für den Erhalt der Lebensräume von Insekten in der Stadt ein: Naturnah gestaltete Gärten und öffentliche Grünflächen, in denen Bienen ganzjährig Nahrung finden, werden immer wichtiger, um ihr Dasein zu sichern. Und auch mit einem bienenfreundlich bepflanzten Balkon kann man einen Beitrag zum Artenschutz leisten.

ZU TISCH BITTE!

Insekten kommen zahlreich zu Besuch, wenn sie passende Nahrung finden. Wildbienen ernähren sich und ihre Brut vorwiegend von den proteinreichen Pollen heimischer Pflanzenarten; Honigbienen und Hummeln sind weniger wählerisch. Auf ihrem Speiseplan stehen ungefüllte Blüten, in denen sie Pollen und Nektar finden. Eine besondere Bienenweide sind Pflanzen aus der Familie der Lippenblütler. Dazu gehört z.B. die Katzenminze, die besonders viel Nektar bietet. Auch Kräuter wie Zitronenmelisse, Salbei und Thymian gehören zu dieser Gruppe. Vermeiden solltet ihr Pflanzen mit gefüllten Blüten. Vor allem bei Rosen dominieren gefüllte Sorten das Sortiment. Allerdings sind die meisten von ihnen ohnehin nicht gut für die Topfkultur geeignet.

WIN-WIN-SITUATION

Der Deal zwischen Biene und Pflanze ist ganz einfach: Die Biene bestäubt die Blüte und zur Belohnung bekommt sie Pollen und Nektar. So profitieren am Ende Pflanzen, Bienen und Gärtner von dem bunten Treiben. Die Biene trägt den Pollen der einen Blüte zur nächsten. Dort streift sie ihn ab, sodass er über die Narbe zur Eizelle wandern kann, wo sich aus dem Fruchtknoten die Frucht entwickelt. Bei Kürbisgewächsen (wie Zucchini, Kürbis, Melone), Auberginen und Tomaten sind es übrigens häufig Hummeln, die für die Bestäubung der Blüten sorgen. In China und Japan fehlen die fleißigen Bienchen mittlerweile und die Blüten müssen von Helfern mithilfe von Pinseln in mühsamer Handarbeit bestäubt werden. Solche Entwicklungen machen deutlich, wie wichtig der Artenschutz ist.

CITYQUARTIER

Wer den als Einzelgänger lebenden Wildbienen mehr als nur Nahrung bieten möchte, richtet ihnen ein Zuhause für den Nestbau und den Winter her. Dafür könnt ihr eine ausgewaschene Blechdose mit hohlen Pflanzenstängeln füllen: Abschnitte von Bambus oder Gräsern werden gebündelt und waagerecht in die Dose gelegt. Die Enden der Halme sollten nicht ausgefranst sein, damit die Bienen gut hineinschlüpfen können. Das „Dosenheim" befestigt ihr z.B. an der Hauswand; keinesfalls darf es frei schwingen. Als Herberge für Wildbienen werden auch sogenannte „Nisthölzer" empfohlen, die ebenfalls leicht selbst gebaut werden können. Ein nach Süden ausgerichteter, vor Regen und Wind geschützter Platz ist der perfekte Standort. Dort wird die Nisthilfe fest angebracht und bleibt auch im Winter an diesem Ort.

SO WIRD'S GEMACHT: NISTHOLZ BAUEN

- Zunächst benötigt man ein entrindetes, abgelagertes Stück Hartholz (z.B. Buche, Eiche, Esche, Ahorn).

- Quer zur Faser werden in das Holz verschieden große Löcher gebohrt. Der Lochdurchmesser sollte 2–9 mm betragen. Dabei ist zu beachten: je größer das Bohrloch, desto größer der Abstand zum nächsten Loch.

- Jedes Loch sollte 5–10 cm tief sein – nie das Holz komplett durchbohren, denn die Bienen mögen keine Zugluft.

- Den Eingang mit Schleifpapier glätten und die Nisthilfe aufhängen.

PFLANZENLISTE / BIENEN- UND INSEKTENFREUNDE

✓ Kräuterblüten z. B. von Bärlauch, Waldmeister, Salbei, Thymian, Rosmarin, Schnittlauch, Lavendel, Oregano, Basilikum

✓ Obstblüten z. B. von Himbeere, Heidelbeere, Johannisbeere, Erdbeere, Physalis

✓ Gemüseblüten z. B. von Bohnen, Paprika, Tomaten, Gurke, Aubergine, Zucchini

✓ Blüten z. B. von Kornblume, Borretsch, Ringelblume, Schmuckkörbchen, Kapuziner- kresse, Löwenmäulchen

AUSSAAT UND SAMENERNTE

PFLÄNZCHEN, BIST DU GROSS GEWORDEN!

Den selbst gesäten Blüh- und Gemüsepflanzen beim Wachsen zuzusehen ist ein Erlebnis, das man sich nicht entgehen lassen sollte. Die eigene Anzucht schont nicht nur den Geldbeutel, sondern bietet darüber hinaus die Chance, Sorten zu ziehen, die nicht als Jungpflanzen im Handel erhältlich sind. Die Auswahl unterschiedlicher Sorten ist beim Saatgut sehr viel größer als bei den Setzlingen, die oft ohne eine genaue Bezeichnung verkauft werden.

QUALITÄTSSAATGUT

Gemüse wie Paprika oder Radieschen, aber auch Pflanzen mit essbaren Blüten wie Borretsch lassen sich ganz einfach selbst ziehen. Das Saatgut ist im Gartencenter oder in der Gärtnerei erhältlich. Da die Qualität der Samen mitentscheidend über den Erfolg der Aussaat ist, sollte man zu hochwertigem Saatgut aus dem Fachhandel greifen. Manchmal keimt auch der Samen aus dem Supermarkt gut. Allerdings ist hier die Sortenauswahl geringer.

PRAXISTIPP

Vielerorts laden Saatgutbörsen von Kleingartenvereinen oder Transition-Town-Initiativen im Frühjahr zum Tausch von Samen ein. Hier gibt es wertvolle Tipps zu Sorten und Pflanzen, ihren Besonderheiten und Bedürfnissen aus erster Gärtnerhand. Selbst wer kein eigenes Saatgut zum Tauschen hat, kann es gegen eine Spende erwerben. Termine und Informationen findet man im Internet und in der Lokalpresse.

VIELFÄLTIG STATT EINFÄLTIG

Es gibt unzählige Sorten zu entdecken, anzubauen und zu erhalten. Initiativen und Vereine setzen sich für den Erhalt der Sortenvielfalt ein und bieten online ein spannendes Sortiment.

Über Jahre hinweg sind samenfeste Sorten durch Kreuzung und Selektion auf ihre Eigenschaften hin gezüchtet worden. Ihr großer Vorteil ist, dass sie Samen ausbilden, die im nächsten Jahr Pflanzen mit denselben Eigenschaften hervorbringen. Die Ernte des eigenen Saatguts bedeutet für den Gärtner die Unabhängigkeit von großen Saatgutproduzenten.

HYBRIDE (F1)

Liest man auf Samentütchen den Hinweis „F1", hält man eine Hybridzüchtung in den Händen. Der Unterschied zu samenfesten Sorten ist, dass aus Hybriden kein Saatgut gewonnen werden kann, aus dem sich in der nächsten Generation (F2) Pflanzen mit denselben Eigenschaften ziehen lassen. War die Hybridzucchini in erster Generation (F1) noch rund und gestreift, weisen die aus ihren Samen gezogenen Zucchini im nächsten Jahr vielleicht nur eines oder keines der beiden Merkmale auf. Um wieder runde, gestreifte Zucchini zu ernten, muss der Gärtner erneut F1-Saatgut vom Hersteller kaufen.

SAATGUT ERNTEN

Nicht nur Früchte, sondern eben auch Samen lassen sich von den eigenen Pflanzen ernten. Sobald sich der Sommer dem Ende zuneigt und die Sommerblumen verblühen, kommt die Zeit der Samenernte. Aus den Samen von Ringelblume und Kapuzinerkresse oder auch eurer eigenen Tomaten (siehe Seite 80) und Kräuter lässt sich im nächsten Frühjahr wunderbar der eigene Nachwuchs ziehen.

ZEITPUNKT

Geerntet wird bei warmem Wetter, sobald die Samenstände nach der Blüte getrocknet sind. Zu frisch solltet ihr sie aber nicht abschneiden, da die Samen sonst nicht richtig ausgereift und nur wenig keimfähig sind. Außerdem muss man bei der Samenernte mitunter schnell sein, denn im Nu sind die Samen vom Wind davongetragen. Die geernteten Samen lässt man ausgebreitet an einem trockenen Ort etwa zwei Wochen gut nachtrocknen, damit sich kein Schimmel bildet.

VORRAT ANLEGEN

Zur Aufbewahrung der ausgelösten Samen eignen sich Schraubgläser, Kaffeefilter oder selbst gebastelte Samentütchen. Um Chaos zu vermeiden, solltet ihr die Tütchen mit Sorte und Erntejahr beschriften und gut verschließen. An einem dunklen, trockenen, aber kühlen Ort gelagert, sind die meisten Arten etwa drei Jahre lang haltbar. Bei älteren Samen ist vor der Aussaat eine Keimprobe empfehlenswert.

SÄEN UND STAUNEN!

Ab Februar lässt sich wärmeliebendes Gemüse wie Kohlrabi, Chili und Paprika gut im Haus vorziehen. Ein idealer Platz dafür ist eine sonnige Fensterbank. Neben der Qualität des Saatguts sind ausreichend Wärme und natürlich Licht besonders entscheidend für den Erfolg eurer Anzucht.

ANZUCHTGEFÄSSE

Als Anzuchtgefäße kann man verzinkte Anzuchtplatten, Töpfe aus kompostierbaren Materialien, Quelltöpfe aus Kokosfaser oder kleine Kunststofftöpfchen erwerben. Doch im Prinzip muss man kein Geld für Anzuchtgefäße ausgeben, denn diese Alternativen eignen sich genauso gut:

- ausgewaschene Milchkartons, Margarinetöpfe, Joghurt- oder Coffee-to-go-Becher

- Eierpappen oder selbst gebastelte Paperpots aus Zeitungspapier – diese können sogar später mit dem Setzling eingepflanzt werden

- Toilettenpapierrollen, bei denen man eine Seite zu einem Boden zusammenfaltet

Wichtig ist natürlich auch hier, dass überschüssiges Wasser gut abfließen kann. Bohrt bei Bedarf Löcher in die Gefäße, damit sich keine Staunässe bildet.

ANZUCHTERDE

Als Substrat verwendet man eine spezielle, im Gartencenter erhältliche Anzuchterde. Mittlerweile ist diese ungedüngte Erde in vielen Centern auch in Bioqualität verfügbar. Anzuchterde ist locker, keimfrei und nährstoffarm. Die zarten Pflänzchen werden angeregt, kräftige Wurzeln auszubilden, um sich mit Nährstoffen und Wasser zu versorgen. Verwendet man eine normale Blumenerde, werden die Sämlinge überdüngt. Ob die Sämlinge sich zu kräftigen, gesunden Pflänzchen entwickeln, hängt also von der passenden Erde ab. Alternativ könnt ihr Anzuchterde aus Standarderde und Sand im Verhältnis 2:1 selbst herstellen. Wichtig ist, dieses Gemisch im Backofen für etwa 45 Minuten bei 120 °C zu sterilisieren, um mögliche Pilzsporen in der Erde abzutöten. Zuvor gebrauchte Erde solltet ihr nicht verwenden.

SO WIRD'S GEMACHT: EIGENE AUSSAAT

- Nach dem Befüllen der Töpfchen müsst ihr die Erde leicht andrücken und befeuchten.

- Die Samen verteilt ihr nun gleichmäßig, jedoch nicht zu dicht. Dafür schneidet ihr einfach eine Ecke der Samentüte ab und sät mit etwas Fingerspitzengefühl direkt aus der Tüte.

- Dunkelkeimer werden anschließend mit einer Erdschicht bedeckt, Lichtkeimer hingegen werden unbedeckt auf die Erdoberfläche gesät (siehe nebenstehende Merkliste).

- Zum vorsichtigen Angießen und weiteren Feuchthalten des Saatguts verwendet ihr am besten eine Sprühflasche oder einen feinen Gießaufsatz für Wasserflaschen, damit die zarten Samen nicht weggeschwemmt werden.

- Um Verwechslungsgefahr vorzubeugen, steckt man in jeden Topf ein Etikett, das mit dem Namen der Pflanze beschriftet ist.

- Ein kurzer Vermerk im Balkontagebuch zum Datum der Aussaat verschafft euch einen Überblick über die Keimzeit, wenn ihr beobachtet, wann sich das erste zarte Grün zeigt.

MERKLISTE / LICHT- UND DUNKELKEIMER

✓ Als *Lichtkeimer* bezeichnet man Pflanzen, die Licht benötigen, damit der Keimprozess in Gang gesetzt wird. Diese Samen werden nach dem Säen nicht mit Erde bedeckt, sondern nur auf die Erdoberfläche gestreut und leicht angedrückt. Bekannte Lichtkeimer sind z. B. Salate, Basilikum oder die Ringelblume.

✓ Etwa doppelt so dick wie der Samen selbst sollte hingegen die Erdschicht sein, mit der sogenannte *Dunkelkeimer* nach der Saat bedeckt werden. Direktes Licht würde ihre Keimfähigkeit hemmen. Dunkelt man die Anzuchtgefäße zusätzlich ab, lässt sich die Keimquote erhöhen. Kürbis, Zucchini, Kapuzinerkresse oder Borretsch gehören z. B. zu dieser Gruppe. Als Faustregel gilt: Je größer der Samen, desto größer die Wahrscheinlichkeit, dass es sich um einen Dunkelkeimer handelt.

WÄRME UND LICHT

Licht, Wärme und eine hohe Luftfeuchtigkeit lassen die Samen keimen. Diese Verhältnisse schafft man, indem man den Pflanzen ein kleines Gewächshaus baut. Dafür könnt ihr umgedrehte Einmach- oder Marmeladengläser, transparente Frischhaltebeutel oder PET-Flaschen aus denen ihr den Boden heraustrennt, verwenden. Erhältlich sind aber auch spezielle Anzuchtkisten bzw. -häuser für die Fensterbank. Die Luftfeuchtigkeit, die unter den Abdeckungen entsteht, schützt die jungen Pflanzen außerdem vor dem Austrocknen. Obwohl es die Saat gern warm hat, sollte täglich einmal gelüftet werden, damit keine Pilzkrankheiten entstehen.

PIKIERTES PFLÄNZCHEN

Hat sich nach den allerersten Keimblättern das erste richtige Blattpaar gebildet, ist der Zeitpunkt gekommen, die kräftigsten Pflanzen auszuwählen und zu vereinzeln. Dieses Vereinzeln – damit die Pflanzen nicht zu dicht stehen und sich gegenseitig Licht nehmen – nennt der Gärtner „pikieren".

SO WIRD'S GEMACHT: PFLANZEN PIKIEREN

- Dafür trennt ihr die kleinen Pflanzen mit einem Pikierstab vorsichtig voneinander.

- Anschließend hebt ihr sie behutsam aus dem Anzuchtgefäß.

- Nun wird jede Pflanze in einen eigenen Topf mit Standarderde gesetzt. Hier bekommen sie mehr Nährstoffe und werden kräftiger, bevor sie nach draußen umziehen.

ABHÄRTEN UND AUSPFLANZEN

Ab Mitte Mai bzw. nach den Eisheiligen könnt ihr die Setzlinge langsam auspflanzen. Zur Vorbereitung auf Wind, wechselnde Temperaturen und Sonnenlicht im Freien werden die Pflanzen zuvor abgehärtet. Dafür stellt ihr sie an milden Tagen nach draußen. Da ihr Grün noch sehr zart ist, sind sie im Schatten besser aufgehoben als in der direkten Sonne. Die kühlen Nächte dürfen sie zunächst noch drinnen auf der Fensterbank verbringen, denn anders als voll entwickelte Pflanzen vertragen Sämlinge kaum Kälte.

PFLANZEN ÜBERWINTERN

HARTGESOTTEN ODER ZIMPERLICH?

Wenn die Temperaturen sinken und das Laub vergilbt, neigt sich die Saison dem Ende zu. Vor dem ersten Frost müssen nun die Balkonpflanzen für die Winterruhe gerüstet werden. Zunächst gilt es, die mehrjährigen Pflanzen in die Gruppen „winterhart" und „nicht winterhart" zu unterteilen.

GEEIGNETES WINTERQUARTIER FINDEN

Winterharte Pflanzen können bei Minustemperaturen draußen bleiben, für *frostempfindliche* Gewächse muss für die nächsten Monate ein geschützter Platz gefunden werden. Das ideale Quartier für Mehrjährige, die keinen Frost vertragen, ist hell und

kühl. Temperaturen um zehn Grad sind für das Überwintern optimal. Es gilt: Je dunkler der Raum ist, desto kühler muss er sein. Am besten eignet sich ein unbeheizter Kellerraum oder eine Garage mit kleinem Fenster. Bietet sich nur ein Platz im Treppenhaus, sollte man sich mit den Nachbarn absprechen, um Ärger zu vermeiden. Auf keinen Fall dürfen Fluchtwege mit großen Kübeln versperrt werden. Wichtig ist, die Pflanzen vor dem Einzug ins Winterquartier auf Krankheiten zu prüfen und gegebenenfalls zu behandeln (siehe Seite 46).

DRAUSSEN ÜBERWINTERN

Winterharte Mehrjährige wie Thymian, Minze und Liebstöckel können die kalten Monate draußen verbringen. Was ihre Wurzeln nicht mögen, ist ein regelmäßiger Wechsel zwischen Einfrieren und Auftauen. Vorbeugen kann man hier, indem man die Kästen und Kübel isolierend in Noppenfolie, Sackleinen oder Vlies wickelt und nah an die Hauswand stellt. Beim Verpacken müsst ihr aber darauf achten, dass Wasser weiterhin gut abfließen kann. Größere Töpfe kann man z. B. auf zwei parallele Holzlatten stellen.

PRAXISTIPP

Nicht nur die Pflanzen, auch einige Utensilien müssen vor großer Kälte geschützt werden. Gefrierendes Wasser dehnt sich aus, was bei vielen Materialien für Frostschäden sorgen kann. Terrakottatöpfe können wie Gießkannen aus Kunststoff platzen, bei Kannen und Töpfen aus Metall kann Frost dazu führen, dass Schweißnähte undicht werden.

Wer mehrere kleine Töpfe hat, kann in diesem Fall auch eine Kiste mit Herbstlaub füllen und die Pflanzen darin geschützt unterbringen.

GENAU HINSEHEN

Als Gärtner hat man in den kommenden Monaten keine Winterpause: Beim wöchentlichen Kontrollgang sollten die Pflanzen und ihre Gesundheit beobachtet werden. Leichtes Gießen der Pflanzen im Winterquartier und der auf dem Balkon verbliebenen ist auch in den Wintermonaten erforderlich. Vor allem immergrüne Pflanzen wie Rosmarin müssen bei Bedarf weiterhin gegossen werden und dürfen nie völlig austrocknen. In den kalten Monaten betreiben diese immergrünen Pflanzen weiterhin Fotosynthese, für die sie ausreichend Wasser, Licht und einen geschützten Standort benötigen.

WINTERGÄSTE

Verlassen muss der Balkon im Winter nicht wirken: Mit Futterhäuschen, Meisenknödeln und Nusssäckchen lockt man heimische Wildvögel wie Meisen, Finken und Rotkehlchen an, die bei Frost und Schnee in der Natur nicht genügend Nahrung finden. Die

Futterstellen und die darunterliegenden Flächen sollten sauber gehalten werden, um die Übertragung von Krankheiten zu verhindern.

FRÜHLINGSERWACHEN

Fröhliches Vogelzwitschern ist zu hören und die Bäume treiben frisches Grün – ein sicheres Zeichen, dass es endlich wieder wärmer wird und eine neue Balkonsaison vor der Tür steht. Die Pflanzen aus dem Winterquartier müssen nun langsam wieder an das Leben draußen gewöhnt werden. Wenn es nicht mehr friert, können sie auf den Balkon gestellt werden. Allerdings solltet ihr sie zunächst vor direktem Sonnenlicht schützen, damit frische Austriebe keinen Schaden durch Verbrennungen nehmen. Auch die Abdeckungen der winterharten Pflanzen können nach und nach entfernt werden. Der Saisonstart ist ein guter Zeitpunkt für einen Rückschnitt und das Umtopfen der Pflanzen in frische Erde.

CHECKLISTE / WINTERQUARTIER EINRICHTEN

✓ Kiste mit Herbstlaub oder Stroh füllen und kleinere Töpfe gesammelt darin unterbringen

✓ Größere Töpfe in Noppenfolie, Jute oder ein Gartenvlies einpacken

✓ Töpfe auf eine Styroporplatte oder zwei parallele Holzlatten stellen und nah an eine vor Wind und Kälte schützende Hauswand rücken

✓ Pflanzen und Wurzelballen mit Reisig, Tannenzweigen oder Laub abdecken, um Wurzeln und Triebansätze zu schützen

✓ Die frostempfindlichen Pflanzen im Haus werden optimal bei zehn Grad überwintert. Je kühler das Quartier ist, desto dunkler sollte es sein

RICHTIG GIESSEN

DER FRÜHE VOGEL...

Besonders im Balkon- bzw. Topfgarten gehört die regelmäßige Wasserversorgung zu den wichtigsten Pflegeaufgaben. Der optimale Zeitpunkt für das Gießen ist in den frühen Morgenstunden. Wenn die Temperaturen noch nicht so hoch sind, dass sie das Wasser direkt wegtrocknen lassen, kann es von den Wurzeln am besten aufgenommen werden. An warmen Sommertagen muss man vor allem kleinere Töpfe abends häufig noch einmal gießen.

WASSERMENGE

Welche Pflanze viel Wasser benötigt und welche eher genügsam ist, wird man nach kurzer Zeit fest-

stellen. Einen kleinen Anhaltspunkt geben ihre Blätter: Großblättrige Pflanzen benötigen meist mehr Wasser, da sie viel davon über die Blätter verdunsten. Die Ausrichtung des Balkons bzw. der Standort ist ebenfalls entscheidend. Balkongärtner auf Südbalkonen werden in den Sommermonaten ihre Pflanzen gut im Auge behalten müssen; hier trocknet die Erde in Kästen und Töpfen besonders schnell aus. Auch Pflanzen, die dem Wind ausgesetzt sind, müssen häufiger mit Wasser versorgt werden als die auf einem schattigen Nordbalkon.

WASSER MARSCH!

Bevor Wasser fließt, solltet ihr mit dem Finger einige Zentimeter tief prüfen, ob die Erde noch ausreichend feucht ist. Erscheint die oberste Erdschicht trocken, kann die Erde ein paar Zentimeter tiefer noch ausreichend feucht sein. Beim Gießen sollten die Blätter nicht unnötig nass werden. Deshalb nehme ich den Brauseaufsatz der Gießkanne meist ab. Das verringert das Risiko von Pilzbefall und Verbrennungen durch spätere Sonneneinstrahlung. Am besten gießt man langsam und möglichst nah an der

Erde, bis das Wasser unten aus dem Topf läuft. Auch an heißen Sommertagen bevorzugen Pflanzen warmes, abgestandenes Wasser. Die Kannen fülle ich deshalb direkt wieder auf und stelle sie nach draußen. Bis abends erneut gegossen werden muss, ist das Wasser auf die Umgebungstemperatur erwärmt.

WASSER SPAREN

Leider bietet sich auf einem Balkon nur sehr selten die Möglichkeit, Regenwasser zu sammeln. Dennoch lassen sich effektive Wege finden, kostbares Leitungswasser zu sparen. Stellt man z. B. Schalen unter die Pflanzgefäße, kann überschüssiges Gießwasser aufgefangen werden. Sobald der Wurzelballen trocknet, wird das Wasser von der Pflanze nach und nach aufgesogen. Bei Regenwetter sollte sich das Wasser in den Schalen jedoch nicht über längere Zeit anstauen. Am besten entleert ihr die Schalen deswegen regelmäßig in die Gießkannen.

MERKLISTE /
GIESSEN, GEWUSST WIE!

✓ Pflanzen möglichst am Morgen und / oder frühen Abend gießen

✓ am besten abgestandenes, erwärmtes Wasser verwenden

✓ möglichst gezielt und nah an der Erde gießen

✓ Menge an den individuellen Bedarf der Pflanzen anpassen

✓ in Maßen, nicht in Massen

✓ Warnzeichen der Pflanze beachten: schlappe Blätter, trockene Erde, aktuelle Wetterlage…

URLAUBSVERTRETUNG

Sommerzeit ist Urlaubszeit – auch für Gärtner. Doch wie versorgt man Blumen und Gemüse während der Abwesenheit mit ausreichend Wasser? Für einen Kurztrip übers Wochenende lassen sich einfache Lösungen finden. Ist man jedoch für längere Zeit unterwegs, wird man einen Freund oder Nachbarn bitten müssen, die Urlaubsvertretung zu übernehmen. Vor der Abfahrt sollten die Pflanzen

- an einen möglichst schattigen Ort auf dem Balkon gestellt werden,

- noch einmal kräftig gegossen werden,

- an die Hauswand gerutscht werden. An diesem geschützten Standort sind sie Sonne und Wind weniger stark ausgesetzt und die Erde in den Töpfen bleibt deutlich länger feucht,

- auf Schädlinge kontrolliert werden. Blattläuse könnt ihr mit einem kräftigen Wasserstrahl abduschen. So verhindert ihr, dass sie sich während eures Urlaubs übermäßig vermehren.

AUFTANKEN

Pflanzen in Balkonkästen mit Wassertank sind mit einem gefüllten Speicher für ein paar Tage mit Wasser versorgt. Für Pflanzen in Dosen und Töpfen gibt es ein einfaches und erschwingliches Bewässerungssystem. Im Handel sind Tonkegel erhältlich, die mit einer aufgesetzten Wasserflasche in die Topferde gesteckt werden. Über die poröse Tonstruktur geben die Kegel nach und nach das Wasser an die Erde ab. Wie lang die Pflanzen im Topf auch an sonnigen Tagen über dieses System gut versorgt sind, sollte vor dem Kurzurlaub getestet werden.

BEWÄSSERN MIT SYSTEM

Für Topfpflanzen werden, wie für Beete, Tropfbewässerungssysteme (Drip-Systeme) mit Pumpe angeboten. Die „Tropfer", kleine Verteiler mit Düsen, zweigen von einem Schlauch ab und werden in den Töpfen platziert. Mithilfe einer Pumpe wird Wasser aus einem Tank (z. B. einer Regentonne) zu den Tropfern geleitet. Angepasst an den Bedarf der Pflanzen, geben sie die erforderliche Menge Wasser ab. Praktisch: Über eine integrierte Zeitschaltuhr kann der Zeitpunkt des Gießens bestimmt werden. Trotz der Arbeitserleichterung ist dies eher ein System für Technikfüchse.

SPARTIPP

Vielleicht findet ihr auch in eurem Haushalt Möglichkeiten, Wasser zu sammeln. Beim Gemüsewaschen stelle ich z. B. gern eine Schüssel in die Spüle, um darin Wasser aufzufangen, das ich anschließend in die Gießkannen umfülle.

PFLANZEN DÜNGEN

DREI-KLASSEN-GESELLSCHAFT

Gemüse lässt sich in drei Gruppen einteilen: Für eine ertragreiche Ernte müssen Stark-, Mittel- und Schwachzehrer ihrem jeweiligen Nährstoffbedarf entsprechend mit Dünger versorgt werden. Zu den *Starkzehrern* mit hohem Nährstoffbedarf zählen u.a. Tomate, Zucchini und Kürbis. Sie bilden viele bzw. große Früchte und entziehen dem Boden dafür viele Nährstoffe. Spinat und Paprika sind *Mittelzehrer* und müssen ebenfalls regelmäßig mit Nährstoffen versorgt werden. Genügsam hingegen sind z.B. Kräuter und Bohnen, diese sogenannten *Schwachzehrer* müssen nur mäßig oder gar nicht gedüngt werden.

DÜNGERARTEN

Bei Düngemitteln wird zwischen „organisch" und „mineralisch" unterschieden. *Mineralische Dünger* enthalten die Nährstoffe in Form von wasserlösli-chen Salzen, die direkt von der Pflanze aufgenommen werden können. Sie versprechen schnelle Hilfe bei Mangelerscheinungen. *Organische Dünger* aus Pflanzenstoffen werden von den Bodenorganismen erst umgewandelt und entfalten ihre Wirkung daher kontinuierlich und über einen längeren Zeitraum, was eine Überdüngung verhindert. Weiter wird unterschieden in „flüssig" und „fest". Während *feste Dünger* wie Hornspäne oder Kompost als Langzeitdünger meist schon beim Pflanzen beigemischt werden, sind *flüssige Dünger* zum kurzfristigen Nachdüngen, z.B. im Sommer, geeignet.

REZEPT FÜR DREIERLEI JAUCHE

ZUTATEN

500 g Pflanzenteile (Beinwell, Brennnessel oder Ackerschachtelhalm)
5 l Wasser
1 Handvoll Urgesteinsmehl

ZUBEREITUNG

1. Die Pflanzenteile grob zerkleinern und in einem großen Eimer aus Kunststoff mit dem Wasser und Urgesteinsmehl mischen. Bis zur Eimerkante sollte etwas Platz bleiben, da die Jauche anfängt zu schäumen. Mit einem Holzstab kräftig umrühren und luftdurchlässig, z. B. mit einem Geschirrhandtuch, abdecken. Den Eimer draußen an einen warmen Platz stellen.

2. Täglich einmal kräftig umrühren, damit Sauerstoff in die Flüssigkeit gelangt. Bei warmen Temperaturen beginnt der Gärungsprozess bereits nach wenigen Tagen.

3. Sobald die Gärung beendet ist, bildet sich kein Schaum mehr und die Jauche ist klar und grünlich. Dieser Prozess dauert im Sommer etwa zwei Wochen. Dann den Eimer mit einem Deckel verschließen. Nachdem man sie durch ein Sieb gegeben hat, kann sie zum Düngen verwendet werden.

4. Dafür gibt man 500 ml Jauche auf 5 l Gießwasser bzw. verdünnt sie im Verhältnis 1:10. Die Mischung bringt man direkt an die Wurzeln aus. Für Schwachzehrer ist eine Verdünnung im Verhältnis 1:20 ausreichend.

DER BESTE ZEITPUNKT

Etwa acht bis zwölf Wochen nach dem Einpflanzen neigen sich die Nährstoffe in der Erde dem Ende zu. Jetzt gilt es, den Nährstoffhunger der Pflanzen zu stillen. Gärtner mit biologischem Anspruch nutzen dafür organische Dünger. Das bedeutet, es werden ausschließlich pflanzliche und tierische Mittel zum Düngen verwendet, die ohnehin bereits im natürlichen Kreislauf vorhanden sind. Dünger aus Pflanzenstoffen zur Verbesserung des Nährstoff- und Mineralstoffhaushalts sind als kombinierte Flüssigdünger im Fachhandel erhältlich.

DÜNGER SELBST GEMACHT

Ihr könnt auch selbst eine *Jauche* herstellen, die als Lieferant dieser Nährelemente dient. Starkzehrer wie Rhabarber und Tomate können mit einer selbst angesetzten Jauche auf rein pflanzliche und kostengünstige Weise mit Nährstoffen versorgt werden. Dafür eignen sich einige Wildkräuter, die ihr bei einem Spaziergang am Wegesrand sammeln könnt.

Brennnesseljauche zur Stärkung der Pflanzen ist seit Generationen ein beliebtes organisches Düngemittel. Die Jauche erhöht den Stickstoffgehalt in der Erde, der das Längen- und Blattwachstum der Pflanzen fördert. Aus *Ackerschachtelhalm* lässt sich eine Jauche herstellen, die viel Kieselsäure enthält. Diese soll vorbeugend gegen Pilz- und Blatterkrankungen wirken. Als Kaliumlieferant zur Kräftigung von Tomaten- und Kartoffelpflanzen eignet sich wiederum eine *Beinwelljauche* besonders gut.

Jauche wird, genau wie Flüssigdünger, ausschließlich mit Wasser verdünnt verwendet. Am gleichmäßigsten verteilt sie sich dabei, wenn sie zuerst, vor dem Wasser, in die Kanne gegeben wird. Der beste Zeitpunkt für das Ausbringen ist am Morgen. Denn so kann der Geruch über den Tag hinweg etwas verfliegen, bevor man es sich nach Feierabend auf dem Balkon gemütlich macht. Damit dieser Geruch eure Mitmenschen nicht belästigt, solltet ihr Jauche außerdem nur dann ausbringen, wenn eure Nachbarn nicht auf ihrem Balkon sind.

KRAFT DER KRÄUTER

Im Klostergarten der Benediktinerinnenabtei in Fulda wird schon lange im Einklang mit der Natur gegärtnert. Mitte des 20. Jahrhunderts begannen die Schwestern mit einem Kräuterpulver zu arbeiten, das Gartenabfälle innerhalb von wenigen Wochen in

Komposterde verwandelt. Dieses Pulver „*Humofix*" besteht aus fünf Kräutern sowie Eichenrinde, Milchzucker und Honig. Wie sich herausstellte, fördert „Humofix" aber nicht nur die Kompostgewinnung, sondern kann zudem als Dünger genutzt werden. Das Pulver wird dazu mit Wasser gemischt und schließlich verdünnt mit dem Gießwasser ausgebracht. Anregend wirkt es auf den Wuchs und die Blühfreudigkeit der Pflanzen.

PRAXISTIPP

Wer aufgrund einer veganen Lebensweise auch seine Pflanzen entsprechend versorgen möchte, kann mittlerweile biovegane Dünger im Handel erwerben. Diese Dünger bestehen teilweise aus Kakaoschalen und sind im Geruch angenehmer als Jauche.

MERKLISTE / WICHTIGE NÄHRSTOFFE

✓ Stickstoff (N) ist entscheidend für das gesamte Wachstum und wird von den meisten Pflanzen ausschließlich über die Wurzeln aufgenommen.

✓ Phosphor (P) ist an wesentlichen Stoffwechselprozessen beteiligt. Er sorgt für einen guten Wassertransport, erhöht die Festigkeit der Zellwände und macht die Pflanzen zudem resistenter gegenüber Krankheiten.

✓ Kalium (K) wird vor allem von Früchte tragenden Pflanzen benötigt, da es für die Ausbildung von Fruchtansätzen und Fruchtreife sorgt.

NATÜRLICHER PFLANZENSCHUTZ

NATÜRLICH, OHNE CHEMIE!

Teilen sich Beetgärtner und Schnecken das Gemüse, hat der Balkongärtner das große Glück, dass sich diese gefräßigen Tiere nicht auf den Balkon vorwagen. Manch anderem ungebetenen Gast ist allerdings kein Weg zu weit. Sollen Pflanzen und Früchte genießbar bleiben, muss den Schädlingen eine möglichst schonende Kampfansage gemacht werden.

VORSORGEMASSNAHMEN

Kräftige Pflanzen wachsen vor allem dort, wo sie optimale Standort- und Wachstumsbedingungen finden. Außerdem hilft bedarfsgerechtes Düngen dabei, die Pflanzen gesund zu halten. Bekommen sie zu viele Nährstoffe, bilden sie eher weiche und schwache Triebe, die empfindlicher und anfälliger für Krankheiten und Schädlinge sind.

AUSPUTZEN

Vor allem wenn Krankheiten und Schädlinge früh entdeckt und erkannt werden, gibt es einfache und wirkungsvolle Maßnahmen, mit denen euren Pflanzen schonend geholfen werden kann. Das regelmäßige *Ausputzen* und Entfernen herabgefallener oder abgestorbener Pflanzenteile, fördert nicht nur einen kräftigen Wuchs, sondern hilft dabei, Infektionen mit Pilzkrankheiten vorzubeugen. Besonders nach kräftigen Regenschauern fangen welke Blüten oder Stängel leicht an zu faulen und sollten deshalb abgeschnitten werden. Die Feuchtigkeit trocknet außerdem schneller ab, wenn die Töpfe nicht zu dicht nebeneinander stehen. Das ist besonders bei pilzanfälligen Arten, wie z. B. Tomaten, wichtig.

STÄRKUNG DURCH KIESELSÄURE

Vorsorgend kann das Besprühen mit einer filtrierten Brühe aus Ackerschachtelhalm stärkend wirken. Die darin enthaltene Kieselsäure kräftigt die Pflanzenzellen und erschwert eine Infektion mit Krankheiten.

Pflanzen. Bei geringem Befall könnt ihr versuchen, *Blattläuse* unter einem Wasserstrahl abzuspülen. Gelingt das nicht, solltet ihr zu biologischen Präparaten oder einer Gelbtafel greifen. Gelbtafeln ziehen durch ihre leuchtende Farbe u. a. *geflügelte Blattläuse* und *Trauermücken* an, die am Leim der Tafel haften bleiben. Verabreicht man hingegen chemische Präparate, können die Pflanzen oft längere Zeit nicht gegessen werden. Zudem bekämpfen diese Mittel nicht immer nur die Schädlinge, sondern können zugleich den Nützlingen schaden.

PILZERKRANKUNGEN

Die Blätter von Zucchini- und Kürbispflanzen sind sehr anfällig für Mehltaupilze. Die Sporen des *Echten Mehltaus* verbreiten sich vor allem bei warmen Temperaturen über die Luft und bilden zunächst auf der Blattoberseite ein Pilzgeflecht. Sind nur wenige Pflanzenteile von dem weißen, mehligen Pilz betroffen, können diese entfernt werden. Ansonsten kann man im Kampf gegen den Pilzbefall ein Gemisch aus Milch und Wasser im Verhältnis von 1:9 ausprobieren. Es wird alle zwei Tage auf die betroffenen Blätter und Pflanzenteile gesprüht.

SO WIRD'S GEMACHT: BRÜHE ZUBEREITEN

- Ackerschachtelhalm sammeln: Zu finden ist er an feuchten Orten und am Waldrand. Benötigt werden die grünen Stängel.

- Für die Brühe legt ihr ca. 150 g frische Triebe in 1 l Wasser ein und lasst sie 24 Stunden ziehen.

- Danach köchelt ihr die Mischung auf dem Herd für rund 1 Stunde, lasst sie abkühlen und seiht sie durch ein feines Sieb ab.

- Nun die Brühe in eine Sprühflasche füllen und auf die Pflanzen ausbringen.

NÜTZLINGE

Mit einer vielfältigen Bepflanzung könnt ihr Nützlinge anlocken, die euch auf natürliche Weise helfen, Schädlinge zu bekämpfen. Marienkäfer, Florfliegen und Schlupfwespen gehören zu den natürlichen Fressfeinden der Blattlaus. Bis zu 150 Läuse vertilgt ein ausgewachsener Marienkäfer am Tag. Nützlinge können auch online und im Fachhandel erworben werden. Nach Erhalt setzt man sie je nach Art an der betroffenen Pflanze aus oder bringt sie im Gießwasser an ihren Bestimmungsort.

SCHÄDLINGEN DEN KAMPF ANSAGEN

Doch auch wenn es summt und brummt, entdeckt wohl jeder im Laufe der Saison Schädlinge an seinen

KRÄUTER

Aromatische Kräuter

FÜR DAS BALKONGARTENJAHR

Jedes Kraut ist so individuell wie der Gärtner, der es pflanzt.
Für jeden Geschmack ist sicherlich ein Kraut gewachsen!
Anregungen, Pflegetipps und Pflanzenporträts rund um die
grünen Aromawunder findet ihr auf den folgenden Seiten.

MIT KRÄUTERN DURCHS JAHR

KRÄUTER FÜR DIE SINNE

Kräuter haben viele Talente! Sie duften herrlich, haben aromatische Würzkraft und heilende Wirkungen. Womöglich weckt der Duft mediterraner Kräuter Fernweh und die Aromen heimischer Würzpflanzen Erinnerungen an Großmutters Kräuterquark: Die Pflanzen wählt man am besten nach persönlichen Vorlieben und „aus dem Bauch heraus" aus. Da Kräuter meist nicht viel Platz benötigen und ohne komplizierte Pflege auskommen, sind sie optimal für den Balkon geeignet. Den Standort gilt es dennoch zu beachten: Mediterrane Kräuter brauchen mehr Licht und Wärme als hierzulande heimische, die Feuchtigkeit und Halbschatten besser vertragen.

SPEZIALITÄTEN

Wer Kräuter pflanzt, entscheidet sich für Vielfalt. Es gibt eine wunderbare Fülle zu entdecken: z. B. verschiedene Salbeisorten mit betörendem Duft, hübschen Blatt- oder besonderen Blütenfarben oder unterschiedliche Minzen mit schokoladigen bis fruchtigen Aromen. Streift man über die zarten, rauen oder gar haarigen Blätter, verwöhnen sie mit unwiderstehlichen Düften die Sinne. Auf dem Balkon wird man sicher nicht zum Sammler einer Art, doch Neuentdeckungen in gut sortierten Kräutergärtnereien bereiten überraschende Gaumenfreuden.

ANBLICK MIT WOW-EFFEKT

Nadeliger Rosmarin in tiefem Flaschengrün, zartblättriger Kerbel oder frischgrünes Basilikum: Mit unterschiedlichen Blattformen und Grünnuancen schmücken Kräuter euren Balkonkasten. Für einen zusätzlichen Hingucker pflanze ich gern Blütenkräuter dazwischen. Pflanzen mit essbaren Blüten sorgen im Kasten für optische und im Salat für geschmackliche Akzente: Mit Kapuzinerkresse, Ringelblume, Borretsch oder Schmuckkörbchen wird die Zierde zum Genuss. Auch lässt sich mit diesen oder anderen Blütenkräutern (siehe Porträts ab Seite 68) euer Säulenobst unterpflanzen, sodass der Platz im Topf optimal genutzt wird. Über diese attraktiven Nahrungsquellen freuen sich natürlich auch Bienen und verschiedenste Insekten.

FRÜHLING

SAISONSTART

Der Winter neigt sich dem Ende zu! Anfang März geht es endlich los: Mehrjährige Kräuter wie Thymian, Salbei oder Rosmarin können langsam vom Winterschutz befreit und kräftig zurückgeschnitten werden. Die Pflanzen wachsen nach der Verjüngungskur dichter und kompakt nach. Das Substrat in größeren Gefäßen muss nicht jedes Jahr komplett ausgetauscht werden, sollte aber mit frischer Erde und Kompost gemischt werden, bevor in den nächsten Wochen neue Pflanzen einziehen.

AUSSAAT DRINNEN UND DRAUSSEN

Zwischen Ende März und Mitte April können unter anderem Schnittlauch, Petersilie, Ringelblumen, Borretsch und Kapuzinerkresse direkt im Freien ausgesät werden. An Ort und Stelle – sprich in dem dafür vorgesehenen Kasten oder Topf – werden die Samen gesät. Das kälteempfindliche Basilikum (siehe Seite 56) ziehe ich drinnen auf der Fensterbank vor, um ihm einen Wachstumsvorsprung zu geben. Die meisten Kräuter kommen gut in einem Gemisch aus einer Standarderde, Kompost und einer Portion Hornspänen zurecht und bekommen von mir keine spezielle Aussaaterde. Thymian, Rosmarin oder Salbei, die eine eher magere Erde bevorzugen, säe ich ohnehin nicht aus, sondern vermehre sie im Sommer nach Bedarf über Stecklinge (siehe Seite 53).

EINS MACHT VIELE: PFLANZEN TEILEN

Estragon, Minze oder Zitronenmelisse werden im Topf oder Balkonkasten schnell sehr groß, sodass man durch das *Teilen* der Pflanzen neuen Platz schafft und ein schönes Mitbringsel für Freunde gewinnt. Der beste Zeitpunkt zum Teilen ist zwischen April und Mai, bevor die Pflanzen wieder neu austreiben. Dafür gräbt man die Pflanze aus dem Gefäß und sticht sie mit einer Schaufel in kleinere, etwa faustgroße Teile. Bevor man sie wieder einpflanzt, sollte man direkt die Gelegenheit nutzen, um die Wurzeln etwas zu stutzen. Das gibt der Pflanze zusätzlich neue Wachstumsimpulse.

SOMMER

HEGEN UND PFLEGEN

Regelmäßiges *Ausputzen*, also das Entfernen von braunen Blättern und Stängeln sowie welken Blüten, hilft den Pflanzen, die Energie in neue Triebe und Blüten zu stecken. Will man von Borretsch und Ringelblume allerdings eigene Samen ernten (siehe Seite 54), lässt man die Blüten zum Ende der Saison stehen und die Samen ausreifen.

GIESSEN UND DÜNGEN

Gießen gehört zu den Hauptaufgaben im Sommer, die Kräuterkästen sollten nie komplett austrocknen. Viele Kräuter haben einen geringen Nährstoffbedarf, doch es gibt Ausnahmen: Für Basilikum, Schnittlauch und Petersilie darf es etwas mehr sein. Hier empfiehlt sich alle drei Wochen die Gabe eines Flüssigdüngers für Kräuter auf natürlicher Basis. Mediterrane Kräuter verwöhnt man nur alle sechs Wochen mit frischen Nährstoffen. Ende August wird gar nicht mehr gedüngt, damit die mehrjährigen Kräuter langsam auf die Winterpause vorbereitet werden.

HOCHSAISON

Im Juni ist der Kräuterkasten in Topform: Jetzt kann man sich über den üppigen Wuchs freuen! Erntet man bei Minze, Zitronenmelisse oder auch Estragon ganze Zweige anstelle von einzelnen Blättern, verzweigt sich die Pflanze neu, der Ertrag wird gesteigert und die Blütenbildung verzögert. Schnittlauch schneidet man am besten büschelweise, kurz über der Erde ab – er treibt wieder neu aus. Kräuter büßen durch die Blüte an Aroma ein; die Ernte muss man jedoch nicht einstellen. Bei Blütenkräutern wie Ringelblume oder Kapuzinerkresse werden für den Genuss natürlich die Blüten geerntet. Ihre Ernte regt die Pflanze zu neuer Knospenbildung an.

VORRAT ANLEGEN

Eins ist ganz klar: Frisch gezupfte Kräuter schmecken am besten. Doch einige sind so wuchsfreudig, dass man nicht weiß, wie man sie komplett verwerten soll. Durch Trocknen kann man sie konservieren und sich kleine Tee- und Gewürzvorräte für den Winter anlegen. In Sommern mit vielen Sonnenstunden ist der Gehalt ätherischer Öle besonders hoch und die Aromen sehr intensiv. Minze, Zitronenverbene, Thymian, Salbei, Kamille und Lavendel sind zum Trocknen gut geeignet. Licht und Luft schaden getrockneten Kräutern, deshalb ist eine entsprechende Lagerung für die Haltbarkeit sehr wichtig. Eine luftdichte Verpackung – die gleichzeitig Feuchtigkeit abhält – schützt Kräuter davor, ihre Farbe und ihr Aroma zu verlieren.

SO WIRD'S GEMACHT: KRÄUTER TROCKNEN

- An einem sonnigen und trockenen Vormittag schneidet ihr die Stiele lang ab und schüttelt sie aus, damit sich keine Insekten mehr zwischen den Blättern verstecken.

- Dann bindet ihr die Stiele zu kleinen Sträußen zusammen. Morgentau oder Regen sollte zuvor gut abgetrocknet sein.

- Anschließend hängt ihr sie kopfüber an einem luftigen Platz im Schatten (z.B. unter einer Überdachung) zum Trocknen auf.

- Sind sie vollständig getrocknet, streift ihr die Blätter von den Stielen und lagert die Ernte dunkel und gut verschlossen in Schraubgläsern.

VERMEHRUNG DURCH STECKLINGE

Salbei, Rosmarin oder auch Lavendel lassen sich ab dem Spätsommer durch *Stecklinge* vermehren. Dafür schneidet man die Triebspitzen vor der Blüte mit einer Gartenschere etwa 7 bis 10 cm lang ab. Die Blätter im unteren Teil werden abgezupft, da dieser in einen mit Anzuchterde gefüllten Topf gesteckt wird. Die Erde sollte immer leicht feucht, jedoch nicht nass, gehalten werden. Wenn die Stecklinge nach ein paar Wochen Wurzeln ausgebildet haben, können sie in einen Topf mit einer Standarderde umgepflanzt werden. Minze kann man alternativ zum Teilen im Frühjahr auch über Stecklinge vermehren. Dazu schneidet ihr die Stecklinge vor der Blüte. Damit die junge Pflanze einen guten Start auf dem Balkon hat, lasst ihr den Minzsteckling in einem Wasserglas Wurzeln schlagen und topft ihn dann ein.

AUF EINEN BLICK

KRÄUTER-THEMENKÄSTEN

SALATFIX-KASTEN

Kräuter lassen Salate zu einem besonderen Geschmackserlebnis werden. Eine schöne Mischung bilden *Schnittlauch*, *Petersilie*, *Liebstöckel* und *Kerbel*. Wer es etwas schärfer mag, pflanzt *Schnittknoblauch*.

BELLA-ITALIA-KASTEN

Für mediterrane Genüsse, wie Saltimbocca und Tomatensauce, pflanzt man *Salbei*, *Thymian*, *Rosmarin* und *Oregano* an einen sonnigen Platz. Fein gehacktes *Olivenkraut* verfeinert die Kombination Tomate-Mozzarella auf ungewöhnliche und leckere Art.

ASIA-KASTEN

Um die Aromen des Fernen Ostens nach Hause zu holen, bieten sich *Thai-Basilikum*, *Vietnamesischer Koriander* und *Pilzkraut* an. Currys und Suppen bekommen damit die asiatische Note direkt aus dem Kasten. Wer noch Platz für einen größeren Topf hat, pflanzt *Zitronengras* oder wegen seiner würzigen Blätter ein *Kaffir-Limettenbäumchen*.

LIMO-KASTEN

Im Sommer gibt es nichts Besseres als ein frisches Getränk mit Zitrusaromen: Dafür pflanzt man *Minze*, *Zitronenverbene* oder *Zitronenmelisse* und *Stevia* für die Süße.

SUPPEN-KASTEN

Bei allen „Suppenkaspern" sollten *Echter Lorbeer*, *Liebstöckel* und *Petersilie* auf keinen Fall fehlen. Sie sorgen beim Kochen von Brühen und Suppen für die passende Würze.

TEATIME-KASTEN

Frische Tees sind mit *Kamille*, *Salbei*, *Minze* und *Zitronenverbene* auch im Sommer ein Genuss. Für den Winter legt man sich einen Vorrat mit getrockneten Kräutern an.

HERBST

SAMEN SAMMELN

Wenn ihr in der nächsten Saison wieder Kapuzinerkresse oder Schnittlauch pflanzen möchtet, könnt ihr dazu natürlich den Samen eurer eigenen Pflanzen verwenden – vorausgesetzt, ihr habt samenfestes Saatgut verwendet (siehe Seite 34). Damit sich Samen bilden, dürfen die verblühten Blüten und Pflanzenstiele nicht zurückgeschnitten werden. Man lässt sie so lange stehen, bis der Samen trocken und ausgereift ist. Bei der Kapuzinerkresse erkennt man den Reifegrad nicht an der braunen Farbe, sondern daran, dass sich die grünen Samen leicht lösen lassen.

NACHSAAT FÜR DEN WINTER

Petersilie ist zweijährig, das heißt, sie bildet erst im zweiten Jahr zwischen Juni und Juli ihre doldenförmigen Blüten aus. Die trockenen Samen säe ich meist direkt im August oder September wieder aus. Zwar keimt und wächst Petersilie langsam, doch dafür lässt sich das kältetolerante Kraut in den folgenden Monaten frisch ernten.

TIME TO SAY GOODBYE!

Ab August ist Zeit, klar Schiff in den Kästen und Töpfen zu machen: Einjährige verblühte Pflanzen wie Ringelblumen, Borretsch oder Kapuzinerkresse können gejätet werden. Die Gefäße bleiben, denn ihr könnt den gewonnenen Platz nutzen, um z. B. Wintersalate (siehe Seite 77) zu pflanzen.

WINTER

ÜBERWINTERN

Mehrjährige Kräuterstauden wie Minze und Melisse überwintern in ihrem Wurzelstock und treiben im nächsten Frühjahr neu aus. Vor dem Winter werden sie einige Zentimeter über der Erde zurückgeschnitten. Anders verhält es sich bei verholzenden Kräutern wie Rosmarin, Salbei und Lavendel: Sie benötigen das Laub zum Winterschutz und bekommen erst im Frühjahr einen Rückschnitt. Sie sollten zum Kälteschutz zusätzlich mit Vlies abgedeckt werden.

HEREINSPAZIERT!

Wenn die Temperaturen unter 10 °C fallen, ist nun der Zeitpunkt gekommen, um die nicht winterharten, mehrjährigen Kräuter in ihrem Winterquartier unterzubringen. Ein geeigneter Platz im Haus (siehe Seite 38) muss dabei u. a. für Zitronenverbene, Kardamom und Lorbeer gefunden werden. Im Winterquartier müssen die Pflanzen in den kommenden Monaten regelmäßig auf Schädlinge geprüft und leicht gegossen werden.

VITAMINE FÜR DEN WINTER

Frische Keimsprossen und Kresse geben Salaten im Winter einen Kick. Die Saat von Radieschen, Erbsen oder Rucola in einem flachen, mit Watte ausgelegten Gefäß keimt und wächst schnell zu Sprossen heran. Hier sollten immer kleine Mengen auf der Fensterbank gezogen werden, da sie schnell verderben.

PFLANZENTIPP

Für ein besonders prickelndes Erlebnis sorgt *Parakresse*, die ihren Ursprung in Südamerika hat. Die Blüten und Blätter schmecken pikant, leicht nach Kresse und sorgen im Mund für ein Gefühl, das an Brausepulver erinnert. Gekonnt eingesetzt, sorgen die gelben „Prickelköpfe" für einen überraschenden Geschmackskick am Gaumen.

VORFREUDE GENIESSEN

In den kalten Monaten lässt sich wunderbar die neue Saison planen: Die Zeit könnt ihr euch mit dem Blättern in Saatgutkatalogen, dem Aufstöbern neuer Töpfe und Gefäße, aber vor allem dem Sortieren des vorhandenen Saatguts vertreiben. Dann steht sicher schon bald der Frühling vor der Tür!

Exkurs

BASILIKUM

Der Duft des Basilikums nimmt uns gedanklich mit in den mediterranen Süden. Doch warum in die Ferne schweifen, wenn das Kraut direkt vor der Tür wächst? Basilikum überzeugt in jeder Hinsicht mit einer großen Vielfalt – probiert und seht selbst!

AROMAKÖNIG

Die wohl bekannteste Sorte des „Königskrauts", wie das schmackhafte Würzkraut auch genannt wird, ist das Basilikum 'Genovese', das im Supermarkt in den Korb wandert, will man beispielsweise Tomate-Mozzarella oder Pesto zubereiten. Doch neben diesem großblättrigen, grünen Basilikum gibt es einige andere Sorten und Arten zu entdecken: z. B. kleinblättriges Buschbasilikum, rotblättriges Basilikum 'Rosso' oder Korsisches Basilikum mit marmorierten Blättern. Besondere Abwechslung bieten Sorten, die nach Zitrone, Anis oder Zimt duften und schmecken.

VIELFALT SÄEN

Vielfalt ist selten im Handel erhältlich, sodass man die ausgewählte Sorte meist selbst ziehen muss. Basilikum braucht viel Wärme, daher sollte das lichtkeimende Kraut von März bis April auf der sonnigen Fensterbank vorgezogen werden.

Die Pflänzchen pikiert man in Grüppchen – aber nicht zu dicht – in einen Topf. Ende Mai kann das Basilikum nach einer langsamen Abhärtung nach draußen auf den Balkon umziehen.

STANDORT FÜR WÄRMELIEBHABER

Basilikum liebt es hell und warm. Deshalb sind die meisten Sorten in unseren Breiten nur einjährig kultivierbar. Zwar kann man versuchen, die Pflanzen im Haus zu überwintern, doch gelingt das selten. Auch wenn Basilikum Wärme liebt, möchte es nicht der prallen Mittagssonne ausgesetzt sein. Genauso wenig mag es, wenn Regen- oder Gießwasser auf seine Blätter prasselt.

Ein Platz unter einem Dachüberstand, wo die Pflanzen geschützt stehen, ist ideal.

GIESSEN UND DÜNGEN

Im Gegensatz zu einigen anderen Kräutern hat Basilikum einen hohen Nährstoffbedarf. Besonders Stickstoff gehört auf den Speiseplan. Am besten mischt ihr der Erde Hornmehl bei, um die Pflanzen gut zu versorgen. Gießen entscheidet bei diesem Gewächs über Gedeih und Verderb: Das Würzkraut braucht feuchte, aber keine nasse Erde. Um die Blätter nicht unnötig zu benetzen, gießt man möglichst nah an der Erde.

ERNTE UND BLÜTE

Die aromatischen Basilikumblätter sind reich an ätherischen Ölen, deren Konzentration vor der Blüte besonders hoch ist. Anstelle einzelner Blätter erntet man ganze Triebspitzen, die oberhalb einer Blattachsel abgeknipst werden. Neue Verzweigungen garantieren frische Triebe und Blätter für eine reiche Ernte. Auf diese Weise verzögert man außerdem die Blütenbildung: Je nach Sorte bilden sich von Juni bis September an den Trieben kleine, essbare Blüten, die bei Bienen und Hummeln sehr beliebt sind. Sobald sich Blüten bilden, wachsen keine weiteren Blätter nach. Das regelmäßige Abknipsen der Triebspitzen ist für eine reiche Ernte also wichtig.

PRAXISTIPP

Im Supermarkt gekaufte Basilikumpflanzen stehen meist viel zu dicht im Topf. Denn eigentlich handelt es sich bei diesen Exemplaren gar nicht um eine einzige Pflanze, sondern um zahllose Sämlinge, die mit etwas mehr Platz prächtig gedeihen würden. Durch Pikieren und Vereinzeln beschert ihr gekauftem Basilikum ein längeres Leben.

PFLANZENLISTE / BASILIKUM FÜR GENIESSER

✓ Bienenfreunde greifen zu Sorten wie 'African Blue', Thai-Basilikum oder Griechischem Buschbasilikum. Sie bilden besonders viele, weiße bis violette Blüten, an denen sich Bienen und Hummeln tummeln.

✓ Dessertliebhabern liefern Limonen- oder Zitronenbasilikum fruchtige Aromen. Anstelle von Limettenscheiben aromatisieren einige Stängel dieser Sorten auf besondere Weise auch euer Mineralwasser – eine herrliche Erfrischung an heißen Sommertagen!

✓ Bequeme Köche erfreuen sich an kleinblätt-rigem Türkischen Buschbasilikum, dessen Blätter oft nur abgezupft und nicht mehr geschnitten werden müssen.

✓ Exotikfans werden mit ungewöhnlichem Duft und Aroma, wie es für das Thai-Basilikum, Tulsi (Indisches Basilikum) oder Zimtbasili-kum typisch ist, verwöhnt.

✓ Fürs Auge bieten rote oder marmorierte Blätter von Purpurbasilikum, Rotem Busch-basilikum oder Korsischem Basilikum eine interessante Abwechslung.

BASILIKUM
Ocimum basilicum

sonnig

buschig,
ca. 40 cm

einjährig

Vorkultur ab
April

Juni bis
August

mittl. Wasserbe-
darf, mittl. Nähr-
stoffbedarf

Der Klassiker, das Basilikum 'Genovese', hat
besonders große Blätter und ist in den meisten
Supermärkten erhältlich. Das Ausknipsen der
Triebspitzen sorgt für eine reiche Ernte.

BÄRLAUCH
Allium ursinum

schattig

aufrecht,
15 bis 20 cm

mehrjährig,
winterhart

Zwiebeln

April bis
Mai

mittl. Wasserbe-
darf, geringer
Nährstoffbedarf

Seine Blätter sind genauso essbar wie seine Blüten,
mit denen sich Speisen dekorieren und würzen
lassen. Bärlauch enthält weniger Geruchsstoffe als
sein enger Verwandter, der Knoblauch.

ECHTER LORBEER
Laurus nobilis

sonnig/
halbschattig

aufrecht,
60 bis 100 cm

mehrjährig,
nicht winter-
hart

Stecklinge im
Sommer

ganzjährig

mittl. Wasserbe-
darf, mittl. Nähr-
stoffbedarf

In Suppen und Schmorgerichten ist Lorbeer
unverzichtbar. Die Blätter der immergrünen Pflanze
werden frisch oder getrocknet verwendet.

GARTENSALBEI
Salvia officinalis

sonnig

buschig,
20 bis 40 cm

mehrjährig,
winterhart

Stecklinge im
Sommer, Direkt-
aussaat ab
April

April bis
Oktober

mittl. Wasserbe-
darf, mittl. Nähr-
stoffbedarf

Salbeiarten, wie der violette Purpursalbei (Salvia
officinalis 'Purpurascens') oder der fruchtige Ana-
nassalbei (Salvia rutilans), sind kälteempfindlich
und brauchen Winterschutz.

GEWÜRZTHYMIAN
Thymus vulgaris

sonnig

buschig,
20 bis 30 cm

mehrjährig,
winterhart

Stecklinge im
Sommer, Vor-
kultur ab Fe-
bruar

Juni bis
September

geringer Wasser-
bedarf, geringer
Nährstoffbedarf

Thymian fühlt sich an warmen, trockenen Standorten besonders wohl. Zitronenthymian (Thymus × citriodorus) hat ein frisches Aroma und schmeckt wunderbar zu Fisch.

GRIECHISCHER OREGANO
Origanum heracleoticum

sonnig

buschig,
20 bis 40 cm

mehrjährig,
winterhart

Direktaussaat
ab April, Steck-
linge im Som-
mer

Mai bis
Oktober

mittl. Wasserbe-
darf, mittlerer
Nährstoffbedarf

Schmetterlinge werden von seinen Blüten magisch angezogen. Das Kraut lässt sich gut trocknen, sodass man sich einen Wintervorrat anlegen kann. Im Frühjahr schneidet man ihn bodentief zurück.

LIEBSTÖCKEL
Levisticum officinale

sonnig/
halbschattig

aufrecht,
bis 100 cm

mehrjährig,
winterhart

teilen im Früh-
jahr, Direktaus-
saat März bis
April

Mai bis
Oktober

hoher Wasser-
bedarf, hoher
Nährstoffbedarf

Die Pflanze überwintert in ihrem Wurzelstock und hat im Winter keine Blätter. Frisches Grün des Würzkrauts, das auch „Maggikraut" genannt wird, treibt im Frühjahr erneut aus.

MINZE
Mentha

sonnig/
halbschattig

aufrecht,
bis 100 cm

mehrjährig,
winterhart

teilen im Früh-
jahr, Stecklinge
im Sommer

Mai bis
Oktober

hoher Wasser-
bedarf, mittl.
Nährstoffbedarf

Mehrere Minzsorten zu probieren lohnt sich! Marokkanische Minze (Mentha spicata var. crispa 'Marokko') ist durch ihr intensives Aroma gut für Tees geeignet. Süßspeisen lassen sich mit Schokominze (Mentha × piperita var. piperita 'Schoko') verfeinern.

PETERSILIE
Petroselinum crispum

sonnig

aufrecht,
20 bis 30 cm

zweijährig,
winterhart

Direktaussaat
ab März

Mai bis
Oktober

mittl. Wasserbe-
darf, mittl. Nähr-
stoffbedarf

Glatte Petersilie ist aromatischer als krause. Sie keimt langsam, sodass die erste Ernte ein paar Wochen auf sich warten lässt. Bei der Ernte bleibt das Herz stehen, denn daraus treibt sie neu aus.

ROSMARIN
Rosmarinus officinalis

sonnig

aufrecht,
30 bis 60 cm

mehrjährig,
braucht
Winterschutz

Stecklinge im
Sommer

ganzjährig

geringer Wasser-
bedarf, geringer
Nährstoffbedarf

Rosmarin ist in aufrechter und hängend wachsender Form sowie mit unterschiedlichen Blütenfarben erhältlich. Die Blüten ziehen Schmetterlinge und andere Insekten magisch an.

SCHNITTLAUCH
Allium schoenoprasum

sonnig/
halbschattig

aufrecht,
20 bis 30 cm

mehrjährig,
winterhart

teilen im Früh-
jahr, Direktaus-
saat ab April

April bis
September

hoher Wasser-
bedarf, mittl.
Nährstoffbedarf

Weiß blühender (Allium schoenoprasum 'Elbe')
oder rosa blühender Schnittlauch (Allium
schoenoprasum 'Forescate') hat besonders schöne
Blütenbälle. Eine regelmäßige Ernte fördert den
Neuaustrieb und Wuchs.

STEVIA
Stevia rebaudiana

sonnig/
halbschattig

buschig,
50 bis 80 cm

mehrjährig,
nicht winter-
hart

Stecklinge im
Sommer

Mai bis
Oktober

mittl. Wasserbe-
darf, mittl. Nähr-
stoffbedarf

Steviablätter werden z. B. zum Süßen von Tee
verwendet. Die Pflanze wächst kompakt, wenn bei
der Ernte die Spitzen abgeknipst werden.

VIETNAMESISCHER KORIANDER
Persicaria odorata

halbschattig bis schattig

buschig, 20 bis 40 cm

mehrjährig, nicht winterhart

Stecklinge im Sommer, teilen im Frühjahr

ganzjährig

mittl. Wasserbedarf, mittl. Nährstoffbedarf

Diese Sorte ist wüchsiger und robuster als der Echte Koriander (Coriandrum sativum). Liebhaber der asiatischen Küche sollten diese fruchtig-zitronige Sorte unbedingt testen.

WALDMEISTER
Galium odoratum

schattig

Bodendecker, 15 bis 30 cm

mehrjährig, winterhart

Direktaussaat im Winter

April bis Mai

mittl. Wasserbedarf, mittl. Nährstoffbedarf

Waldmeister sollte in Maßen genossen werden, da das in ihm enthaltene Cumarin Kopfschmerzen verursachen kann. Geerntet wird vor der Blüte, dann ist der Cumaringehalt in der Pflanze gering.

ZITRONENMELISSE
Melissa officinalis

sonnig

aufrecht,
40 bis 60 cm

mehrjährig,
winterhart

Stecklinge im
Sommer, Teilen
im Frühjahr

Mai bis
Oktober

mittl. Wasserbe-
darf, mittl. Nähr-
stoffbedarf

Die Ernte der Blätter empfiehlt sich vor der Blüte,
da sie dann besonders aromatisch sind.
Schneidet man die Triebe nach der Blüte kräftig
zurück, treibt die Melisse neu aus.

ZITRONENVERBENE
Aloysia triphylla

sonnig

aufrecht,
bis 100 cm

mehrjährig,
nicht winter-
hart

Stecklinge im
Sommer, teilen
im Frühjahr

Mai bis
Oktober

mittl. Wasserbe-
darf, mittl. Nähr-
stoffbedarf

Beim Streifen der Blätter entfaltet die Pflanze ihren
intensiven Zitronengeruch. Als Tee, in Süßspeisen
oder asiatischen Gerichten eignet sie sich sehr gut.

BORRETSCH
Borago officinalis

sonnig

aufrecht,
40 bis 60 cm

einjährig

Direktaussaat
April bis Juni

Juni bis
August

hoher Wasser-
bedarf, mittl.
Nährstoffbedarf

Seltener als die blau blühende Sorte ist die weiß blühende Pflanze (Borago officinalis 'Alba'). Die Blüten schmecken nach Gurke und sind wie die jungen Blätter essbar. Das Würzkraut ist eine sehr gute Bienenweide und bietet Insekten Nahrung.

GEWÜRZTAGETES
Tagetes tenuifolia

sonnig

buschig,
bis 40 cm

einjährig

Vorkultur ab
März

Juni bis
September

mittl. Wasserbe-
darf, geringer
Nährstoffbedarf

Tagetes oder Studentenblumen, wie die gelb-orange blühende Pflanze im Volksmund genannt wird, sorgen für ein Blütenmeer im Balkonkasten. Hier sind gefüllte und ungefüllte Sorten erhältlich.

KAMILLE
Matricaria chamomilla

sonnig

aufrecht,
40 bis 50 cm

einjährig

Direktaussaat
ab April

Juni bis
August

geringer Wasser-
bedarf, geringer
Nährstoffbedarf

Die Blüten lassen sich gut trocknen und können im Winter als Erkältungstee aufgebrüht werden. Wer sie nicht selbst anpflanzt, findet sie mit etwas Glück an Weg- oder Ackerrändern.

KAPUZINERKRESSE
Tropaeolum majus

sonnig/
halbschattig

ausladend,
50 bis 300 cm

einjährig

Direktaussaat
ab Mitte April

Juni bis
September

mittl. Wasserbe-
darf, mittl. Nähr-
stoffbedarf

Mit ihren langen Trieben lassen sich Geländer mit essbaren Blüten und Blättern beranken. Oder man wählt eine zwergwüchsige Sorte (Tropaeolum minus), die weniger ausladend wächst.

KORNBLUME
Centaurea cyanus

sonnig/
halbschattig

aufrecht,
20 bis 40 cm

einjährig

Direktaussaat
ab April

Juni bis
September

mittl. Wasserbe-
darf, geringer
Nährstoffbedarf

Getrocknet oder frisch: Die leuchtend blauen
Blüten sind auf Süßspeisen genauso dekorativ wie
in Salaten. Sorten mit ungefüllten Blüten bieten
Bienen besonders viel Nahrung.

LAVENDEL
Lavandula angustifolia

sonnig

buschig,
30 bis 60 cm

mehrjährig,
braucht
Winterschutz

Stecklinge im
Sommer

Juni bis
August

mittl. Wasserbe-
darf, geringer
Nährstoffbedarf

Der buschige Wuchs lässt sich durch Rückschnitt
erhalten. Vor dem Winter wird der Topf mit Jute
eingepackt und die Pflanze mit Reisig geschützt.

RINGELBLUME
Calendula officinalis

sonnig

aufrecht,
40 bis 50 cm

einjährig

Direktaussaat
ab März

Juni bis
August

mittl. Wasserbe-
darf, geringer
Nährstoffbedarf

Ihren Namen verdankt die Heilpflanze ihren gekrümmten Samen. Schneidet man Verblühtes ab, bildet sie neue Knospen. Tipp: Im Spätsommer einige Blüten zur Saatgutgewinnung stehen lassen.

SCHMUCKKÖRBCHEN
Cosmos bipinnatus

sonnig/
halbschattig

aufrecht,
70 bis 100 cm

einjährig

Direktaussaat
ab Mitte April

Juli bis
Oktober

mittl. Wasserbe-
darf, mittl. Nähr-
stoffbedarf

Die fein gefiederten Pflanzen bringen große Blü-ten – je nach Sorte – in Weiß, Rosa bis hin zu Violett hervor. Regelmäßiges Ausputzen verwelkter Blüten fördert die Bildung neuer Knospen.

GEMÜSE

Knackiges Gemüse

FÜR DAS BALKONGARTENJAHR

„Saisongemüse" bekommt mit selbst angebautem Gemüse vom Balkon eine ganz neue Bedeutung! Viele Sorten lassen sich dort ganz einfach in Kästen und Töpfen kultivieren. Hier findet ihr Tipps von der Aussaat über die Pflege bis zur Ernte.

MIT GEMÜSE DURCHS JAHR

JUNG, FRISCH, KNACKIG!

Scharfe Radieschen, süßliche Möhren, knackige Gurken – das eigene Gemüse wird nicht vergleichbar sein mit dem aus dem Supermarkt. In natürlicher Form und mit vollem Geschmack zeigt sich Gemüse, das nicht einer strengen Norm unterliegt. Die eigene Aussaat schont dabei den Geldbeutel und lädt ein, die Lieblingssorte zu pflanzen oder einfach mal etwas Neues auszuprobieren. Jungpflanzen sind eine gute Alternative, greift man zu den robusten Pflänzchen aus der Region. Allerdings ist die Auswahl an Sorten bei Setzlingen nicht besonders groß.

MISSWAHL IM BALKONKASTEN

Hübsches Gemüse gibt es für jeden Gaumen: Kohlrabi mit violetter Schale, Mangold mit bunten Stielen, rosa blühende Buschbohnen und gemusterte Tomaten (siehe Seite 81) machen jeder hübschen Zierpflanze ernsthaft Konkurrenz. Lasst euch in der Gärtnerei von Jungpflanzen oder Saatgut dieses attraktiven Gemüses verführen.

GEMÜSEEINTOPF

Im Prinzip gedeiht jede Gemüsepflanze im Topf. Wichtig ist, ein Gefäß auszuwählen, das den Bedürfnissen der Pflanzen entspricht. Pastinake, Möhre, Rote Bete oder Meerrettich brauchen Gefäße mit einer Tiefe von etwa 40 cm. Salat, Radieschen und Spinat finden ausreichend Platz im Balkonkasten. Kohlarten benötigen genau wie Kürbisgewächse durch ihren ausladenden Wuchs mehr Platz und ein entsprechend großes Gefäß. Sicher lässt sich für jedes Platzangebot das passende Gemüse finden.

FRÜHLING

VORKULTUR AUF DER FENSTERBANK

Um den wärmebedürftigen Gemüsepflanzen einen Wachstumsvorsprung zu geben, zieht man Tomaten, Paprika und Chili ab Ende Februar/Anfang März auf der Fensterbank vor. Im April folgen dann Kürbisgewächse wie Gurke und Zucchini. Mehr Infos zum jeweiligen Zeitpunkt der Aussaat findet ihr in den Pflanzenporträts ab Seite 84.

AUSSAAT IM FREIEN

Zahlreiche Sorten benötigen keine Vorkultur, da sie weniger Wärme für Keimung und Wachstum brauchen. Für die Direktaussaat ab März eignen sich z. B. Radieschen, Möhren und Salate; im April folgen Mangold, Rote Bete und Erbsen, bevor ab Mai Busch- oder Stangenbohnen gesät werden können. Radieschen wachsen schnell und sind schon sechs Wochen nach der Aussaat erntereif. Auch Salate gehören zu den „Schnellzündern", die je nach Sorte und Außentemperatur bereits nach etwa vier Wochen geerntet werden können.

ERDE AUFDÜNGEN

Pflanzen in größeren Gefäßen freuen sich über frische Erde und Dünger. Zwar müsst ihr in den voluminöseren Gefäßen nicht jedes Jahr die komplette Erde austauschen, doch sind die Nährstoffe aus der letzten Saison nun sicher verbraucht. Mehrjährigem Gemüse wie dem hungrigen Rhabarber solltet ihr Hornspäne und Kompost unter die Erde mischen.

KARTOFFELN IN TASCHEN

Sogar Kartoffeln lassen sich auf dem Balkon in großen Säcken anbauen. Dafür lässt man Saat- oder Speisekartoffeln im März vorkeimen. Sobald die Knollen etwa 2 cm lange Triebe ausgebildet haben, pflanzt man sie in einen Sack. Pro Sack mit einem Volumen von 50 Litern können zwei bis drei Saatkartoffeln gepflanzt werden.

SO WIRD'S GEMACHT: KARTOFFELN PFLANZEN

- Den Sack (geeignet ist der Sack der Pflanzenerde oder eine Tasche des schwedischen Möbelhauses) befüllt ihr etwa 30 cm hoch mit Erde, pflanzt die vorgekeimten Kartoffeln 5 cm tief ein und gießt sie an.

- Damit genügend Licht einfallen kann, krempelt ihr den Rand des Sacks zunächst um.

- Sobald die Pflänzchen etwa 10 cm aus der Erde schauen, füllt ihr so viel Erde nach, bis nur noch die Blattspitzen sichtbar sind. Das „Anhäufeln" wiederholt ihr, bis der Sack bis zum Rand gefüllt ist. Die Pflanze wird so zu mehr Knollenbildung angeregt.

- Nach etwa 100 Tagen ist Zeit zum Ernten – ein sichtbares Zeichen für die Erntezeit sind die welkenden Blätter der Pflanzen. Aus einer Saatkartoffel gewinnt man etwa ein Kilo Kartoffeln – ausreichend für ein kleines Festmahl.

SOMMER

GERÜSTBAU

Tomaten, Gurken, Paprika, Aubergine und auch rankende Bohnenarten benötigen ein Gerüst, an dem sie emporklettern können. Dann bilden z. B. Feuerbohnen mit ihren hübschen roten Blüten und dichten Blättern einen tollen Sichtschutz. Geeignet sind Weidenruten, Bambus- oder Metallstäbe, an die ihr die Stängel mit Blumendraht anbindet. Alternativ könnt ihr aus Schnüren ein Rankgitter spannen – je nach Gegebenheiten auf eurem Balkon.

PFLEGE

Weiße, mehlige Flecken überziehen die Blattoberseite oder Stängel und Früchte der Zucchini? Dann hat sich vermutlich der Echte Mehltau breitgemacht. Die betroffenen Blätter und Pflanzenteile müssen gründlich entfernt und im Müll entsorgt werden (siehe Seite 46). Regelmäßiges Kontrollieren der Pflanzen hilft, Krankheiten und Schädlinge frühzeitig zu erkennen. Das Ausputzen abgestorbener Pflanzenteile im Gemüsekasten beugt Krankheiten vor und fördert den Wuchs der Pflanzen.

GIESSEN UND DÜNGEN

Gießen ist das A und O: Für die Fruchtbildung benötigen die Pflanzen eine regelmäßige Wasserversorgung. Verdichtet sich die Erdoberfläche in den Gefäßen, lockert man die Erde mit einem Handrechen oder einer Gabel auf, damit das Wasser wieder gut eindringen kann. Alle Mittel- und Starkzehrer müssen während der Fruchtbildung mit einer regelmäßigen Düngergabe unterstützt werden.

ERNTEGLÜCK

Das Hegen und Pflegen wird endlich belohnt: Im Sommer ist Erntezeit im Gemüsekasten! Bei Mangold und Pflücksalaten wird bei der Ernte auf „Äußerlichkeiten" gesetzt: Das Herz lässt man stehen und erntet lediglich die äußeren Blätter. Die Pflanzen treiben neu aus und verwöhnen mit einer größeren, fortwährenden Ernte. Zucchini und Gurken könnt ihr dazu anregen, mehr Blüten zu produzieren, indem ihr die Früchte bereits früh erntet. Die jung geernteten Früchte sind außerdem fester und besser im Geschmack. Köstlich gefüllt, werden auch die essbaren Blüten der Zucchini zum Genuss. Im Juli sind dann Paprika und Chili reif: Die Schoten schneidet man mit einer Schere oder einem Messer ab, damit keine Schäden an der Pflanze entstehen.

GRÜNE KÖPFE

Möhren sind Gemüse mit „Tiefgang": Das Gefäß, in dem sie gesät werden, sollte mindestens 40 cm tief sein. Hat man ein zu niedriges Gefäß gewählt, kommt es vor, dass die Möhren mit zunehmendem Wachstum aus der Erde ragen. Ihnen fehlt der Platz und sie wachsen an die Oberfläche, wo sie im Licht ergrünen. Grüne Möhrenköpfe entstehen auch, wenn die Möhren zu eng gesät worden sind.

NACHSCHLAG DURCH NACHSAAT

Jungpflanzen von Buschbohnen oder Kohlrabi können im Juni und Juli erste Lücken im Balkonkasten wieder auffüllen. Im August könnt ihr Spinat, Feldsalat oder Winterportulak säen, um frisches Grün für die Herbsternte heranzuziehen. Habt ihr zusätzlich Rucola oder Asiasalate ausgesät, können diese je nach Witterung in den kommenden Wintermonaten bzw. im Frühjahr geerntet werden.

HERBST

HAUSPUTZ

Im Herbst wird aussortiert: Sobald Mangold und Rote Bete im September abgeerntet sind, könnt ihr die verbliebenen Pflanzenteile samt Wurzeln aus der Erde ziehen. Das Jäten aller Einjährigen nach der Ernte schafft Platz z. B. für Wintersalate (z. B. Feldsalat, Endivie, Winterportulak). Diese Schwachzehrer kommen in der vorhandenen Erde zurecht – es muss nicht nachgedüngt werden. Aufgrund des Nitratgehalts in Feldsalat ist ein Aufdüngen der Erde ohnehin nicht ratsam. Der Stickstoff im Dünger würde die Konzentration steigern. Nitrat baut sich bei Sonnenschein ab, sodass man den Salat am späten Nachmittag sorgenfrei ernten und genießen kann.

SAATGUT GEWINNEN

Eigenes Saatgut könnt ihr z. B. von samenfesten Paprika- oder Chilipflanzen gewinnen. Dafür trennt ihr die Samen im Inneren der reifen Früchte eurer Paprikapflanzen von den weißen Scheidewänden und lasst sie trocknen, bevor ihr sie in Schraubgläser

füllt und dunkel lagert. Auch wenn euer Salat einen Blütentrieb gebildet hat, könnt ihr aus der Not eine Tugend machen: Um Saatgut von Salaten zu ernten, muss es zur Blüte kommen. Beginnt der Salat zu schießen, also einen Blütentrieb zu bilden, ist es wichtig, dass dieser regelmäßig von verwelkten Blättern befreit wird, um Fäulnis vorzubeugen. Etwa drei Wochen nach der Blüte können die Salatsamen schließlich geerntet werden. Die Salatblätter könnten zwar noch gegessen werden, schmecken aber nicht mehr gut. Dafür entschädigt die Pflanze aber mit Samen für die nächste Saison.

WINTER

KLASSISCHES WINTERGEMÜSE
Winterzeit ist Kohlzeit! Alle, denen etwas mehr Platz auf dem Balkon zur Verfügung steht, sollten die schön anzusehenden und leckeren Gemüsepflanzen für die Winterernte kultivieren. Junge Grünkohlpflanzen gedeihen ab Mai auf halbschattigen Balkonen und sehen im Herbst hübsch aus, wenn vieles längst geerntet ist. Mit seinem ausladenden Wuchs braucht Grünkohl genug Platz und ein standfestes Gefäß. Temperaturen bis −10 °C können dem Kohl nichts anhaben. Ganz im Gegenteil: Niedrige Temperaturen steigern den Zuckergehalt in den Blättern, machen den Kohl aromatischer und weniger bitter. Für die

Ernte schneidet ihr das Blatt am besten mit einer Schere nah am Strunk ab. Wenn ihr das Laub von unten nach oben erntet, sorgt ihr außerdem dafür, dass wieder neues Grün nachwächst.

BLUMIGER KOHL
Ein Neuling in Garten und Küche: „Flower Sprout" ist eine Gemüseneuheit aus Großbritannien, die die charmanten Eigenschaften von Rosen- und Grünkohl vereint. An seinem Stängel wachsen dieser Kohlart viele kleine Minikohle – die an Wirsing erinnern – mit hübschen gekräuselten, grün-violetten Blättern. Punkten kann er neben seiner Optik mit einer kurzen Garzeit und einem mild-nussigen Geschmack. Die Pflanze ist robust und verträgt niedrige Temperaturen, sodass vom ersten Frost bis zum Frühling geerntet werden kann. Am besten nehmt ihr die Mini-Röschen einzeln, nach Bedarf von unten nach oben ab. Mit einer stattlichen Höhe von 80 bis 100 cm benötigt Flower Sprout, genau wie Grünkohl, ein standfestes Gefäß.

SCHUTZ GEBEN
Spinat, Feldsalat oder Winterportulak kommen zwar auch mit Kälte zurecht, doch sollten ihre Wurzeln

nicht im Wechsel einfrieren und auftauen. Bei stark schwankenden Temperaturen und Schnee solltet ihr daher die Erdoberfläche abdecken und die Töpfe in Vlies einpacken. Das schützt die Wurzeln, die sonst Schaden nehmen. Aus demselben Grund müssen die Töpfe von mehrjährigen winterharten Gemüsesorten wie Blutampfer oder Rhabarber in Noppenfolie oder Vlies eingepackt werden. An frostfreien Tagen sollten die Pflanzen nach Bedarf leicht gegossen werden.

INDOOR-SALAT
Im Sommer wächst der pikante würzige Salat draußen im Kasten; im Winter könnt ihr Rucola auf der Fensterbank ziehen und müsst nicht auf sein frisches Grün verzichten. Rucola keimt bei Zimmertemperatur um 18 °C schnell: Bereits nach zehn Tagen zeigt sich erstes Grün. Dann könnt ihr entscheiden, ob ihr die jungen Sprossen kurze Zeit später erntet oder lieber abwartet, bis er ausgewachsen ist.

TRÜBSAL ADE!
Grau in Grau! So öde die Wintermonate erscheinen mögen, gibt es doch einiges, mit dem man sich die Zeit bis zum Saisonstart angenehm vertreiben kann. Bei einer Tasse Tee aus eigenen Kräutern findet man in Büchern, Magazinen oder Katalogen ganz bestimmt Inspirationen für die Pflanzenliste und Balkongestaltung der nächsten Saison.

PFLANZENTIPP

In der Küche können von den Pflanzen des *Ährigen Erdbeerspinats* (Chenopodium capitatum) sowohl die Blätter als auch die roten Früchte, die in den Blattachseln wachsen, verwendet werden. Allerdings haben die an Erdbeeren erinnernden Früchte einen nussigen Geschmack und somit nichts mit den süßen Früchten gemeinsam. Trotzdem: Diese alte Gemüsesorte ist ein Versuch wert!

CHECKLISTE / PLATZBEDARF DER GEMÜSESORTEN

✓ Gemüse für kleine Flächen: Radieschen, Kohlrabi, Mangold, Blutampfer, Salat, Buschbohnen, Rote Bete, Spinat

✓ Starkwüchsiges Gemüse: Zucchini, Kürbis, Grünkohl, Rhabarber, Kartoffeln

✓ Hoch wachsendes Gemüse: Stangenbohnen, Erbsen, Gurken, Tomaten, Paprika, Aubergine

Exkurs

TOMATE

Tomaten sind kleine Divas, die sich jedoch mit der
passenden Pflege und am richtigen Standort durchaus
gut heranziehen lassen und mit einer aromatischen
Ernte die gärtnerischen Mühen belohnen.

FORM- UND FARBENVIELFALT

Tomaten zählen zu den wohl leckersten und beliebtesten Gemüsesorten, die in ganz unterschiedlichem Gewand daherkommen. Es gibt sie in Form von hoch wachsenden Stab- oder kompakt wachsenden Buschtomaten, kleinen Cocktail- oder großen Fleischtomaten, deren Farbspektrum von Gelb, Orange bis Rot über Violett bis hin zu Schwarz reicht. Manche sind dazu gerippt, gestreift oder marmoriert. Das farbenfrohe Gemüse lässt sich in der Küche vielfältig verarbeiten und schmeckt natürlich am besten, wenn man es selbst angebaut hat.

SELBST IST DER TOMATENFAN

Vor allem für den, der im Februar oder März eigene Tomaten im Haus vorzieht, bietet sich eine große Sortenvielfalt. Das Sortiment an Jungpflanzen ist im Handel meist deutlich kleiner. Die Saat benötigt ausreichend Licht, Temperaturen zwischen 18 und 20 °C und eine beständig feuchte Erde. Damit sich die Sämlinge nicht gegenseitig einengen und im Wachstum einschränken, sollten sie rechtzeitig pikiert (siehe Seite 37) werden. Nach draußen, in einen Topf mit einem Fassungsvermögen von etwa 20 Litern, dürfen die Pflanzen aber erst nach den Eisheiligen, also ab Mitte Mai, umziehen – Tomaten sind sehr kälteempfindlich. Um einen besseren Stand zu gewährleisten, könnt ihr sie etwas tiefer einpflanzen: An dem Teil des Stängels, der unter der Erde liegt, bilden sich dann zusätzliche Wurzeln.

DACH ÜBER DEM KOPF

Wie wichtig Standortbedingungen für Pflanzen sind, machen Tomaten deutlich. Sie brauchen einen sonnigen und unbedingt überdachten Platz, sonst lassen sie sich vor Kraut- und Braunfäule kaum schützen. Diese Pilzerkrankung macht sich bei Feuchtigkeit breit, lässt Blätter sowie Triebe welken und die Pflanze langsam absterben. Um dem vorzubeugen, solltet ihr die Pflanzen nicht zu dicht nebeneinander stellen, damit Feuchtigkeit gut abtrocknen kann.

PFLEGE

Schon früh benötigen Stabtomaten, die eine Höhe von bis zu zwei Metern erreichen können, eine Stütze: Den Stamm fixiert ihr dazu an Bambus- oder Metallstäben, die den Pflanzen Stabilität beim Wachsen geben. Verwendet ihr Tomatenspiralstäbe, um die ihr die Pflanze im Uhrzeigersinn herumführt, müssen die Pflanzen nicht mehr zusätzlich angebunden werden. Fünf bis sieben Blütenstände kann eine Pflanze pro Saison durchbringen. Deshalb kappt man den Haupttrieb nach dem letzten Blütenstand, um ihr Wachstum zu stoppen. Das Herausbrechen kleiner Triebe aus den Blattachseln – das sogenannte *Ausgeizen* – sorgt außerdem dafür, dass Wasser und Nährstoffe in die Früchte gelangen, anstatt in das Laub. Wenn ihr zusätzlich die Blätter unterhalb des ersten Fruchtstands entfernt, bekommen die Früchte in den unteren Reihen mehr Licht. Buschtomaten müssen nicht ausgegeizt werden und wachsen sehr viel kompakter als Stabtomaten – einige Sorten werden nur etwa 20 Zentimeter hoch.

GIESSEN UND DÜNGEN

Auf Tomatenpflanzen im Kübel muss man ein Auge haben: Die Erde trocknet je nach Witterung schnell aus, sodass man regelmäßig zur Gießkanne greifen muss. Sie müssen stets feucht gehalten werden, mögen aber keine Staunässe. Als Starkzehrer (siehe Seite 43), entziehen sie der Erde viele Nährstoffe. Diese müssen regelmäßig zugeführt werden, damit die Pflanzen genügend Energie für die Fruchtbildung haben. Zweimal pro Woche sollten sie einen organischen Flüssigdünger bekommen. Darüber hinaus unterstützen Langzeitdünger wie Hornmehl oder -späne das Wachstum. Brennnessel- oder Beinwelljauche ist zur Stärkung ebenfalls gut geeignet.

ERNTE

Wenn die Früchte aufplatzen, sollten sie entfernt werden, da sie schnell faulen: Vor allem kleine oder dünnhäutige Früchte sind dafür auch vor der Vollreife anfällig. Am intensivsten schmecken Tomaten, wenn sie am Strauch voll ausgereift sind. Hängen am Ende des Sommers noch Früchte am Strauch, pflückt man sie und lässt sie im Haus abgedunkelt nachreifen.

SAATGUT AUS TOMATEN GEWINNEN

Die Pflanzen haben gut getragen und die Früchte ein tolles Aroma? Ihr könnt von eurer samenfesten Lieblingssorte – Hybriden eignen sich nicht (siehe Seite 35) – selbst Saatgut für das nächste Jahr gewinnen. Dafür braucht ihr lediglich reife und gesunde Früchte eurer Pflanze.

SO WIRD'S GEMACHT: SAMEN ERNTEN

- Halbiert die möglichst vollreife Tomate und löst mit einem Teelöffel die Samen vom fleischigen Teil der Frucht.

- Die Samen samt der gallertartigen Masse gebt ihr in ein Glas und füllt es mit Wasser auf. Jetzt heißt es abwarten!

- Sobald sich nach einigen Tagen die Samen von der gallertartigen Masse getrennt haben, sinken sie zu Boden. Nun spült ihr die Samen in einem feinmaschigen Sieb unter fließendem Wasser ab, um die Reste zu entfernen.

- Zum Trocknen werden sie auf ein Küchenpapier oder ein Taschentuch gelegt.

- Die Samen füllt ihr in Schraubgläser, Kaffeefilter oder selbst gebastelte Samentütchen (siehe Seite 107) und lagert sie an einem kühlen, dunklen Ort. Je nach Sorte sind die Samen zwischen drei und acht Jahren keimfähig. Der Erhalt der Keimfähigkeit hängt stark von der Lagerung ab.

SORTENLISTE / TOMATEN FÜR LIEBHABER

✓ Kleine Früchte haben z. B. die robusten Johannisbeertomaten Red Currant (rot) oder Golden Currant (gelb), Snow Berry (creme) oder Rote Murmel (rot).

....

✓ Bunte Früchte erntet man z. B. von Black Cherry (violett), Indigo Rose (lila-schwarz) oder Artisan Golden Bumble Bee (gestreift).

....

✓ Formschöne Früchte zieren z. B. Dattelwein (gelb/oval), Yellow Submarine (gelb/birnenförmig), Zahnrad-Tomate (rot/gerippt), Reisetomate (rot/lässt sich in Einzelteile trennen) oder Corne de Bouc (rot/spitz zulaufend).

....

✓ Hinter Rotkäppchen, Banana Legs und Bogus Fruchta verbergen sich kompakter wachsende Buschtomaten.

....

BLUTAMPFER
Rumex sanguineus

sonnig/
halbschattig

aufrecht,
20 bis 40 cm

mehrjährig,
winterhart

Direktaussaat
ab April

ab Mitte Mai

hoher Wasser-
bedarf, mittl.
Nährstoffbedarf

Den Reiz bei diesem Kraut machen die dekorativen roten Blattadern aus. Im Salat schmecken die zarten, noch jungen Blätter am besten.

BUSCHBOHNE
Phaseolus vulgaris

sonnig/
halbschattig

buschig,
30 bis 40 cm

einjährig

Direktaussaat
ab Mai

Juli bis
Oktober

geringer Wasser-
bedarf, geringer
Nährstoffbedarf

Da diese Arten nicht ranken, benötigen sie keine Kletterhilfe und lassen sich gut in Kübeln kultivieren. Unter ihnen gibt es gelbhülsige Wachsbohnen oder rötliche Buschbohnen, die durch ihre Farbe jeden Bohnensalat bunter machen.

ECHTER SPINAT
Spinacia oleracea

sonnig/
halbschattig

rosettenartig,
20 bis 30 cm

einjährig

Direktaussat ab
März und ab
August

Mai bis Juni/
September bis
November

mittl. Wasserbe-
darf, mittl. Nähr-
stoffbedarf

Spinat kann im Frühjahr schon nach wenigen Wochen als „Babyleaf" geerntet und in Salaten und
Smoothies verwendet werden. Winterspinat wird
ab August gesät und gedeiht auch bei Frost.

FELDSALAT
Valerianella locusta

sonnig

aufrecht,
12 bis 15 cm

einjährig

Direktaussaat
ab Juli

September bis
März

mittl. Wasserbe-
darf, geringer
Nährstoffbedarf

Das einstige Ackerwildkraut ist zu einer echten
Delikatesse geworden. Der Wintersalat enthält viele
wichtige Vitamine und gedeiht in Reihen gesät
ganz ausgezeichnet im Balkonkasten.

GEMEINER RHABARBER
Rheum rhabarbarum

sonnig

aufrecht,
50 bis 100 cm

mehrjährig,
winterhart

teilen im
Herbst

April bis
Juni

hoher Wasser-
bedarf, hoher
Nährstoffbedarf

Die Ernte des Rhabarbers endet am 24. Juni. Damit
die Pflanze sich erholen kann, sollten die Stängel
nach dem Stichtag nicht mehr geerntet werden.
Dieses Stielgemüse braucht viel Platz und einen
Topf mit mindestens 40 Liter Volumen.

GURKE
Cucumis sativus

sonnig

rankend,
70 bis 100 cm

einjährig

Vorkultur ab
April

ab Juli

hoher Wasser-
bedarf, hoher
Nährstoffbedarf

Gurken benötigen viel Wärme und Licht sowie
einen windgeschützten Standort. Für den Topf gibt
es Snack- oder Minigurken, die zudem keine oder
nur wenige Kerne haben und besonders
aromatisch schmecken.

KOHLRABI
Brassica oleracea var. gongylodes

sonnig/
halbschattig

aufrecht,
40 bis 50 cm

einjährig

Direktaussaat
ab April

Mai bis
Oktober

mittl. Wasserbe-
darf, mittl. Nähr-
stoffbedarf

Neben grünen und weißen Sorten gibt es violette
wie die Sorte 'Azur Star'. Damit sie nicht platzen,
muss regelmäßig gegossen werden. Haben die
Knollen die Größe eines Tennisballs, wird geerntet.

MANGOLD
Beta vulgaris var. cicla

sonnig/
halbschattig

aufrecht,
bis 50 cm

einjährig

Direktaussaat
April bis Juni

Juni bis
August

mittl. Wasserbe-
darf, mittl. Nähr-
stoffbedarf

Werden die Stiele einzeln geschnitten und die
Herzblätter nicht beschädigt, lässt er sich lange
ernten und wächst nach. Die bunte Mischung
'Bright Lights' bringt Farbe auf Balkon und Teller.

MÖHRE
Daucus carota

sonnig

aufrecht,
15 bis 20 cm

einjährig

Direktaussaat
ab April

Juli bis
November

mittl. Wasserbe-
darf, mittl. Nähr-
stoffbedarf

Wer farbliche Abwechslung sucht, hält nach gelben, weißen und violetten Sorten Ausschau. Die Sorte 'Purple Dragon' ist außen violett und hat einen orangefarbenen Kern.

PAPRIKA
Capsicum annuum

sonnig

aufrecht,
30 bis 50 cm

einjährig

Vorkultur ab
Februar

bis Oktober

mittl. Wasserbe-
darf, hoher
Nährstoffbedarf

Als Gewürzpaprika gehören Peperoni und Chili ebenfalls zu der Gattung Capsicum. Alle Sorten benötigen viel Wärme, daher stellt man sie am besten an einen sonnigen, warmen und geschützten Platz an der Hauswand.

PFLÜCKSALAT
Lactuca sativa

sonnig/
halbschattig

aufrecht,
15 bis 20 cm

einjährig

Direktaussaat
ab April

Mai bis
Oktober

mittl. Wasserbe-
darf, geringer
Nährstoffbedarf

Anders als Kopfsalat bildet er eine lose Rosette aus, von der einzelne Blätter geerntet werden können. Auch hier gilt: Erntet man nur die äußeren Blätter, wächst er von innen nach. Die bekanntesten Sorten sind 'Lollo rosso' und 'Lollo bionda'.

RADIESCHEN
Raphanus sativus var. sativus

sonnig

aufrecht,
15 bis 20 cm

einjährig

Direktaussaat
ab März

ab Mitte April

mittl. Wasserbe-
darf, mittl. Nähr-
stoffbedarf

Die Pflanzen benötigen ausreichend Platz, um dicke Knollen auszubilden. Deshalb muss die Saat nach der Keimung ausgedünnt werden. Die zarten Pflänzchen sind schon die erste Ernte: Bereits als Keimlinge bringen Radieschen Würze in den Salat.

ROTE BETE
Beta vulgaris

sonnig/
halbschattig

aufrecht,
15 bis 20 cm

einjährig

Direktaussaat
ab Mitte April

Juli bis
Oktober

hoher Wasser-
bedarf, mittl.
Nährstoffbedarf

Neben der Knolle eignet sich auch das junge Grün zum Verzehr. Als Baby-Beten schmecken die kleinen Roten Rüben besonders zart: Mit der Ernte daher besser nicht zu lange warten.

TOMATE
Lycopersicon esculentum

sonnig

aufrecht,
bis 250 cm

einjährig

Vorkultur ab
März

Juli bis
September

hoher Wasser-
bedarf, hoher
Nährstoffbedarf

Für den Anbau in Kübeln besonders gut geeignet sind Strauch- oder Buschtomaten, da sie kompakt wachsen. Diese zwergwüchsigen Pflanzen müssen nicht ausgegeizt werden. Unter ihnen gibt es auch eine Auswahl an gemusterten und bunten Sorten.

WILDE RAUKE
Diplotaxis tenuifolia

sonnig

aufrecht,
10 bis 15 cm

mehrjährig,
winterhart

Direktaussaat
März bis August

Juni bis
Oktober

mittl. Wasserbe-
darf, geringer
Nährstoffbedarf

Im Gegensatz zur Salatrauke ist die Wilde Rauke mehrjährig und noch pikanter im Geschmack. Auf stickstoffhaltige Dünger sollte wegen des Gehalts an Nitrat in den Blättern verzichtet werden.

ZUCCHINI
Cucurbita pepo

sonnig

buschig,
bis 50 cm

einjährig

Vorkultur ab
April

Mitte Juni bis
September

hoher Wasser-
bedarf, hoher
Nährstoffbedarf

Wenn die Früchte 10 bis 15 cm lang bzw. etwa daumendick sind, schmecken sie am besten. Die Früchte werden mit einem Messer abgeschnitten, keinesfalls abgebrochen. Regelmäßiges Ernten regt die Pflanze zu neuer Blüten- und Fruchtbildung an.

OBST

Süßes Obst

FÜR DAS BALKONGARTENJAHR

Mit einem Hauch Exotik, ein wenig Urlaubsgefühl und süßer Versuchung lockt Obst in den Balkongarten. Wo echte Naschkatzen gärtnern, sollten Erdbeeren, Physalis und Co. nicht fehlen. Was in den verschiedenen Jahreszeiten zu tun ist, lest ihr auf den nächsten Seiten.

MIT OBST DURCHS JAHR

EXOTISCHE SUPERSTARS

Pflanzen von Kiwi oder Melone beranken das Balkongeländer und bringen einen Hauch Exotik in den Balkongarten. Ob Physalis, Gojibeeren oder Cranberrys: Vielen der angesagten Superfrüchte könnt ihr in einem Topf ein ausreichend großes Zuhause geben. Für mediterranes Flair auf dem Südbalkon sorgen Zitrusbäumchen. Die Pflanzen von Zitrone, Limette, Mandarine oder auch Kumquat lieben einen Platz in der Sonne, der ihrer warmen Heimat ähnlich ist.

BEST OF BERRIES!

Beerenobst ist nicht nur ausgesprochen lecker, sondern braucht zum Teil auch viel Platz. Die Triebe von Brombeeren und Himbeeren werden bis zu 2,5 m lang. Als Sichtschutz kann man sich diese Eigenschaft zunutze machen, doch eignen sie sich deshalb wohl besser für größere Balkone. Stachel- und Johannisbeeren sind als Busch oder Hochstamm erhältlich. Die Variante als Stämmchen hat den Vorteil, dass unter der Krone noch Kräuter oder Blumen gepflanzt werden können. Ganz wenig Platz brauchen Erdbeeren (siehe Seite 98), die botanisch gesehen nicht zu den Beeren zählen, sondern zu den Sammelnussfrüchten. Den Pflanzen reicht ein einfacher Blumenkasten zum Wachsen, was sie zum perfekten Naschobst für Balkongärtner macht.

NAH AM STAMM

Apfel, Birne, Kirsche oder Pfirsich im Topf anzubauen ist dank bestimmter Züchtungen gut möglich. Säulen- und Zwergsorten wirken wie Miniaturausgaben von Obstbäumen und sind geeignet für den Anbau in Töpfen. Noch weniger Platz als Zwergobst braucht Säulenobst, das zu seiner überschaubaren Höhe lediglich kurze Seitentriebe bildet. Um gut zu gedeihen, brauchen die kleinen Bäumchen einen Topf mit einem Volumen von mindestens 20 Litern.

FRÜHLING

SAISONSTART

Für Beerensträucher beginnt die Saison mit einem kleinen Frühjahrsschnitt: Im Februar oder März werden Johannisbeere und Stachelbeere an einem frostfreien Tag ausgelichtet. Alle Zweige, die älter als drei Jahre und meist dunkler als die übrigen sind, schneidet ihr ab. Das schafft Platz für frisches Grün, da die Pflanzen nur an Trieben junger Generationen Früchte bilden. Der Erde in größeren Töpfen solltet ihr einen organischen Langzeitdünger beimischen, um die Pflanzen für die neue Saison zu stärken.

ANZUCHT AUF DER FENSTERBANK

Die Saatzeit für Vorkulturen auf der Fensterbank beginnt für Physalis (Andenbeere) im Februar. Im April ist dann die Zeit gekommen, Melonen auf der Fensterbank vorzuziehen. Im Haus vorgezogene Jungpflanzen müssen allmählich an das Sonnenlicht und die Witterung draußen gewöhnt werden. Endgültig ziehen sie bei frostfreiem Wetter im Mai in die Töpfe auf dem Balkon um. Dort gibt man ihnen eine durchlässige, nährstoffreiche Erde und einen warmen Platz in der Sonne. Melonen wachsen an langen Ranken, die emporklettern, wenn sie eine Rankmöglichkeit z. B. an einem Geländer vorfinden.

BESUCH IN DER BAUMSCHULE

Im Frühling ist Pflanzzeit: Für den Kauf von Obstgehölzen fährt man am besten in eine nahe gelegene Baumschule. Die dort erhältlichen Pflanzen wachsen vor Ort heran, sind an das Klima gewöhnt und eine fachliche Beratung zu geeigneten Sorten für den Anbau im Topf gibt es vom Profi mit dazu. Achtet beim Kauf auf eine „selbstbefruchtende" Sorte; diese benötigen keine andere Sorte in der Nähe, die gleichzeitig blüht, da sie ihre Blüten selbst bestäuben können. Die Blütezeit lässt sich dann je nach Sorte ab April auf dem Balkon genießen. Die Blüten der Obstbäumchen sehen nicht nur schön aus, sondern bieten Bienen und Insekten zusätzlich eine gute Futterquelle (siehe Seite 31).

ERDE FÜR HEIDELBEEREN

Heidelbeeren haben anders als Brom- oder Himbeeren von Natur aus keine Dornen und wachsen kompakter, was sie auf engem Raum zu einem freundlichen Mitbewohner macht. Gepflanzt wird die Heidelbeere in torffreie Rhododendronerde, da sie einen niedrigen pH-Wert benötigt, den ihr eine Standarderde nicht geben kann. Auch Cranberrys fühlen sich in dieser Erde wohl.

SOMMER

GIESSEN UND DÜNGEN

Damit sich pralle Früchte bilden können, benötigen Melonen ausreichend Wasser und müssen regelmäßig gedüngt werden. Auch Obstgehölze wollen nicht hungern und müssen alle zwei bis drei Wochen mit einem Flüssigdünger, der dem Gießwasser beigemischt wird, gedüngt werden.

„RAUBVÖGEL"

Vögel sind kleine Leckermäuler, wenn es um Beerenobst geht. Wenn ihr sie beim Räubern erwischt und sie von den tragenden Sträuchern fernhalten möchtet, könnt ihr selbst gebastelte Windspiele aus Aluminiumfolie nahe der Sträucher aufhängen. Manche Vögel lassen sich von der Folie, die das Sonnenlicht reflektiert und dem knisternden Geräusch, das der Wind verursacht, abschrecken.

ERNTEZEIT

Im Juni beginnt die Beerenernte: Je länger ihr mit der Ernte bei Heidelbeeren, Stachelbeeren und Johannisbeeren wartet, desto süßer und aromatischer werden ihre Früchte. Direkt vom Strauch in den Mund schmecken sie am besten. Die Physalis bildet etwa kirschgroße Früchte in lampionförmigen Kelchblättern aus. Geerntet werden sie im August/September: Im reifen Zustand könnt ihr die süßlich sauren Früchte aus der Hülle entfernen und naschen.

> ## PFLANZENTIPP
>
> *Gojibeeren* sind echte Superfrüchte, die zahlreiche Vitamine, Mineralstoffe und Spurenelemente enthalten. Die Sträucher eignen sich für den Anbau in einem großen Topf mit einem Volumen von ca. 70 Litern, sind in der Pflege wenig anspruchsvoll und bis −25 °C winterhart. Die Sorte 'Turgidus' trägt süße Früchte. Andere Sorten dagegen schmecken oft recht herb.

HERBST

HERBSTERNTE

Zwischen August und Oktober werden je nach Sorte Äpfel und Birnen reif. Von Pflückreife spricht man, wenn sich der Stiel durch leichtes Drehen vom Zweig löst; von Genussreife, wenn die Früchte ihr volles Aroma ausgebildet haben. Nach einer Kostprobe wisst ihr, ob ihr den Früchten noch ein paar Sonnenstunden gönnen solltet, bevor ihr sie erntet.

OBST IN TOPFORM

Säulenobst benötigt keinen regelmäßigen Schnitt. Lediglich längere Zweige werden auf 10 bis 15 cm zurückgeschnitten, um den kompakten Wuchs zu erhalten. Bei Herbsthimbeeren und Brombeeren kappt man nach der Ernte die Ruten über dem Boden. Heidelbeeren werden nicht geschnitten.

WINTER

VERPACKUNGSKUNST

Obstgehölze in Kübeln müssen für den Winter auf eine Styroporplatte oder parallele Holzlatten gestellt werden. Die Gefäße umwickelt ihr mit Jutegewebe oder Noppenfolie. Deckt ihr die Erde zusätzlich mit etwas Reisig oder Herbstlaub ab, bietet das einen zusätzlichen Schutz vor Kälte und Verdunstung. Moderates Gießen ist an frostfreien Tagen auch in den Wintermonaten erforderlich.

ZWEITVERWERTUNG

Um eure Obstgehölze vor Spätfrost zu schützen, könnt ihr die Zweige und Triebe mit Tannengrün einpacken. Was eignet sich dafür besser als die Äste des ausgedienten Weihnachtsbaums? Aprikosenbäumchen blühen bereits recht früh im Jahr. Damit die frühe Blüte erneute Minusgrade und Frost unbeschadet übersteht, solltet ihr sie schützen, da sonst die Ernte im Sommer ausfällt. Bei Pfirsich-, Apfel- und Birnenbäumchen könnt ihr dieselben Vorsichtsmaßnahmen ergreifen.

WINTERLICHE WARTUNGSARBEITEN

Wenn man die Handgeräte im Winter ins Haus holt, bietet sich eine gute Gelegenheit, sie gründlich zu überholen: Einige Gartenscheren lassen sich in ihre Einzelteile zerlegen, was das Säubern stark vereinfacht; verschraubte Teile müssen von Zeit zu Zeit nachjustiert werden; die Holzstiele öle ich dann mit Leinöl und bringe meine Gartenschere bei Bedarf zum Schärfen. So sind alle Geräte wieder einsatzbereit, wenn die neue Saison anbricht.

SORTENLISTE / SCHLANKES SÄULENOBST FÜR DEN BALKON

✓ Äpfel: z. B. Goldcats, Redcats, Jucunda, Rondo, Malini Pronto

....

✓ Birnen: z. B. Condo, Decora, Concorde

....

✓ Kirschen: z. B. Claudia, Sylvia

....

✓ Aprikosen: z. B. Somo, Clarina, Goldfeuer

....

✓ Pfirsiche: z. B. Grazia, Aida

....

✓ Zwetschgen: z. B. Katinka, Geisenheimer Top

....

Exkurs

ERDBEERE

Zunächst zieren die hübschen Blüten die Pflanzen, dann leuchten die roten Früchte: Erdbeeren sind bereits im Frühjahr eine Augenweide im Balkonkasten. Kompakt im Wuchs und wenig anspruchsvoll in der Pflege, sind sie das ideale Naschobst für den Balkongarten!

SÜSSE FRÜCHTCHEN

Erdbeeren haben viel zu bieten: Von den langen Ranken der Kletter- und Hängeerdbeeren, schattenverträglichen Walderdbeeren, über einmal tragende Garten- und mehrmals tragende Monatserdbeeren bis hin zu „Ziererdbeeren", die mit ihren rosa bis roten Blüten ein Blickfang sind. Erdbeeren entfalten ihr volles Aroma zwar am besten in der Sonne, nehmen aber je nach Art auch mit etwas weniger Licht vorlieb.

TYPFRAGE

Walderdbeeren mögen es sonnig, doch auch im Halbschatten kann man im Juni und Juli kleine, aromatische Früchte ernten. Von ihr stammt die mehrmals tragende *Monatserdbeere* ab, die wegen ihrer langen Erntezeit und Robustheit bei Balkongärtnern sehr beliebt ist. Wie der Name schon erahnen lässt, können von Juni bis Oktober Früchte geerntet werden. Anders als Monatserdbeeren tragen *Gartenerdbeeren* nur im Sommer, dafür aber besonders viele Früchte.

PFLANZZEIT

Zwischen März und April werden Jungpflanzen von Wald- und Monatserdbeere in einen Kasten mit einem Gemisch aus Pflanzenerde und Kompost gesetzt. Gibt man einen organischen Dünger (z. B. Hornmehl) hinzu, wird der Nährstoffhunger der Pflanze gestillt. Je nach Witterung tragen diese Sorten noch im selben Jahr die ersten Früchte. Beim Einpflanzen dürfen die inneren Herzblätter der Pflanze nicht mit Erde bedeckt werden. Gartenerdbeeren werden im August für die Ernte im Folgejahr gepflanzt.

PFLEGEN UND DÜNGEN

Regelmäßig mit Wasser versorgte Pflanzen bilden gute Früchte aus. Alle zwei Wochen solltet ihr dem Gießwasser einen organischen Flüssigdünger beimischen. Die fortwährende Blüten- und Fruchtbildung erhöht den Nährstoffbedarf mehrfach tragender Sorten. Im Herbst schneidet man die Pflanzen zurück und lässt nur das Herz stehen. An einem geschützten Platz nahe der

Hauswand können sie, genau wie die Garten-erdbeere, abgedeckt überwintert werden. Gartenerdbeeren gibt man am Ende des Sommers noch einmal Dünger, da sie zu dieser Zeit Laub und Blütenansätze für das folgende Jahr bilden. Je kräftiger die Pflanze, desto reicher fällt die Ernte im nächsten Jahr aus.

ERDBEER-KINDERGARTEN

Erdbeeren sind mehrjährig, allerdings sinkt im Lauf der Zeit ihr Fruchtertrag. Meist ist es bereits nach drei Jahren so weit und die Erdbeeren sollten durch neue Pflanzen ersetzt werden. Statt neue zu kaufen, könnt ihr jedoch ohne Zusatzkosten eure eigenen Pflanzen auch selbst vermehren. Bei Wald- und Gartenerdbeeren ist das ein Kinderspiel. Ihre Vermehrung erfolgt im Juli des zweiten Jahres über Ausläufer durch sogenannte „Kindel". Wie die Mutter-, so die Tochterpflanze: Das Erbgut wird auch bei Pflanzen an die „Kinder" weitergegeben. Die Fruchterträge eurer Erdbeerpflanzen können sehr unterschied-

lich sein, obwohl es sich um dieselbe Sorte handelt. Deshalb beobachtet ihr am besten, welche Pflanze gut trägt, markiert sie mit einem Stöckchen und nutzt ihre Ausläufer für die Vermehrung. Sämtliche Ausläufer, die nicht gebraucht werden, werden abgeschnitten.

SO WIRD'S GEMACHT: ERDBEEREN VERMEHREN

- Den ersten Ableger, der seiner Mutterpflanze am nächsten ist, pflanzt ihr in einen mit Erde gefüllten Topf und lasst ihn dort Wurzeln ausbilden. Das gelingt in den meisten Fällen.

- Nach dem getopften Ableger wird der Ausläufer gekappt, damit sich keine weiteren Tochterpflanzen bilden, die zusätzliche Energie der Mutterpflanze beanspruchen.

- Die Erde solltet ihr immer ausreichend feucht halten und nie austrocknen lassen, damit die kleinen Pflanzen gut wachsen.

- Sobald das „Erdbeerkind" im Topf eingewachsen und der Ballen durchwurzelt ist, trennt ihr den Ausläufer von der Mutterpflanze.

PRAXISTIPP

Grauschimmel ist bei Erdbeeren eine häufig auftretende Pilzerkrankung, die auf Blättern und Früchten einen grauen Belag bildet. Befallene Pflanzenteile werden entfernt. Eine Mulchdecke aus Stroh unter der Pflanze kann dem Befall vorbeugen. Kleine Mengen Stroh bekommt man als Kleintiereinstreu.

SORTENLISTE / ERDBEEREN FÜR NASCHKATZEN

··

✓ Walderdbeere (Fragaria vesca): z.B. Wald-
königin, Waldfee, Adriana (große Früchte)

··

✓ Monatserdbeere (Fragaria vesca var. semper-
florens): z.B. Rügen, Alexandria

··

✓ Gartenerdbeere (Fragaria × ananassa): z.B.
Pink Panda (rosa Blüten), Malwina (späte Sorte), Red Ruby (dunkelrote Blüten), Korona
(hoher Ertrag), Honeoye (frühe Sorte)

··

ANDENBEERE
Physalis peruviana

sonnig

buschig,
50 bis 100 cm

ein-/ mehrjäh-
rig, nicht win-
terhart

Stecklinge im
Herbst, Vorkul-
tur ab Februar

August bis
September

mittl. Wasserbe-
darf, mittl. Nähr-
stoffbedarf

Die Beeren reifen in lampionförmigen Kelchblättern heran. Entweder als komplette Pflanze im
Kübel oder als Steckling frostfrei überwintern.

APFEL
Malus

sonnig/
halbschattig

aufrecht,
ca. 120 cm

mehrjährig,
winterhart

Kauf in der
Baumschule

August bis
Oktober

mittl. Wasserbe-
darf, mittl. Nähr-
stoffbedarf

Für den Balkon eignen sich „Säulenäpfel". Bei ihnen
ist in den ersten Jahren kein Rückschnitt nötig. Im
Winter wird der Topf mit einem Vlies umwickelt.

BROMBEERE
Rubus fruticosus

sonnig/
halbschattig

Strauch,
100 bis 150 cm

mehrjährig,
winterhart

teilen im
Frühjahr

August bis
Oktober

hoher Wasser-
bedarf, mittl.
Nährstoffbedarf

Streng genommen sind es keine Beeren, sondern Sammelsteinfrüchte. Denn die Frucht setzt sich aus kleinen Einzelfrüchten mit eigenem Kern zusammen. Da die Früchte nicht nachreifen, sollten nur die dunklen geerntet werden.

ERDBEERE
Fragaria

sonnig

buschig,
15 bis 20 cm

mehrjährig,
winterhart

Ausläufer im
Juli

je nach Sorte
von Juni bis
Herbst

mittl. Wasserbe-
darf, mittl. Nähr-
stoffbedarf

Monatserdbeeren tragen kleine, aromatische Früchte und sind gut für den Anbau auf dem Balkon geeignet. Monatserdbeeren bilden keine Ausläufer und werden durch Aussaat vermehrt.

HIMBEERE
Rubus idaeus

sonnig

aufrecht,
100 bis 200 cm

mehrjährig,
winterhart

Ausläufer im
Frühjahr

Juli bis
September

hoher Wasser-
bedarf, mittl.
Nährstoffbedarf

Sehr aromatische Früchte tragen Herbsthimbeeren,
da ihre Früchte über den Sommer viel Sonne
bekommen. Der Rückschnitt der Ruten erfolgt
nach der Ernte Ende November auf Bodenhöhe.

JOHANNISBEERE
Ribes

sonnig/
halbschattig

buschig,
ca. 150 cm

mehrjährig,
winterhart

Steckhölzer im
Spätherbst

Juni bis
Juli

mittl. Wasserbe-
darf, mittl. Nähr-
stoffbedarf

Für das Kultivieren in Töpfen eignen sich Hoch-
stamm- oder Säulenformen. Die Sonne bestimmt
das Aroma der Früchte; je weniger Sonne die Pflanze bekommt, desto saurer sind ihre Früchte.

KIWI
Actinidia

sonnig/
halbschattig

rankend,
300 bis 500 cm

mehrjährig,
winterhart

Ableger im
Frühling und
Sommer

je nach Sorte
September bis
November

mittl. Wasserbe-
darf, mittl. Nähr-
stoffbedarf

Die Traubenkiwi, z.B. 'Issai', wird samt Schale
gegessen. Diese Sorte ist selbstfruchtend, d.h., man
braucht nicht wie bei anderen Kiwis männliche und
weibliche Pflanzen, um ernten zu können.

MELONE
Cucumis melo

sonnig

rankend,
100 bis 300 cm

einjährig

Vorkultur ab
März

Juli bis
Oktober

hoher Wasser-
bedarf, hoher
Nährstoffbedarf

Melonen brauchen so viel Wärme und Sonne wie
möglich. Die Zuckermelone 'Petit gris de Rennes'
mit ihren vergleichsweise kleinen Früchten eignet
sich für den Anbau im Kübel und ist auf einem warmen und geschützten Balkon einen Versuch wert.

Exkurs

SAMENTÜTCHEN BASTELN

Samentütchen für euer eigenes Saatgut sind schnell
gebastelt. Mit Tütchen in verschiedenen Farben
unterscheidet ihr Gemüse und Kräuter auf einen Blick
voneinander und mit Farben für den jeweiligen
Aussaatmonat ist euer Saatgut gut sortiert.

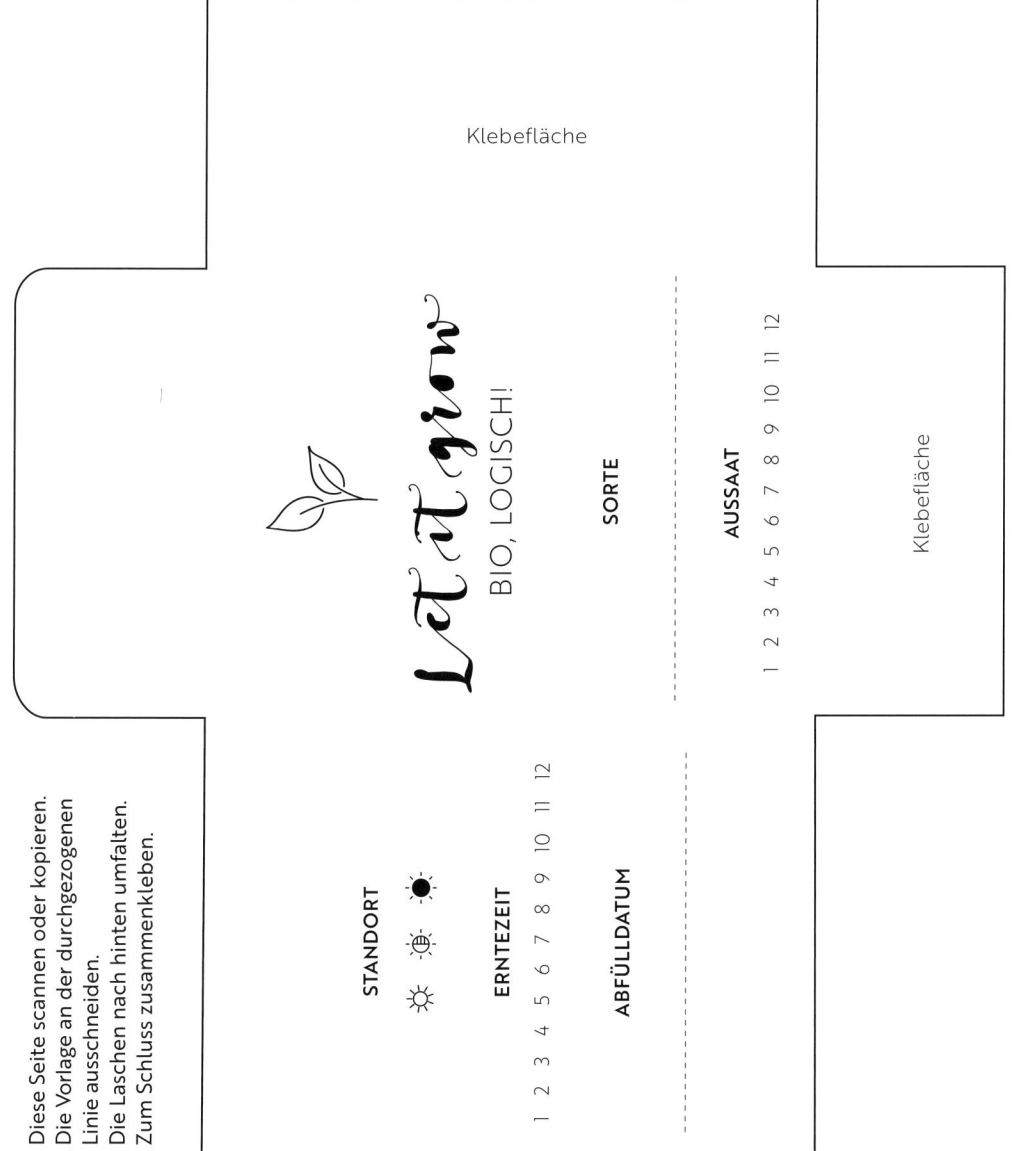

Klebefläche

Let it grow

BIO, LOGISCH!

SORTE

AUSSAAT

1 2 3 4 5 6 7 8 9 10 11 12

Klebefläche

1. Diese Seite scannen oder kopieren.
2. Die Vorlage an der durchgezogenen
   Linie ausschneiden.
3. Die Laschen nach hinten umfalten.
4. Zum Schluss zusammenkleben.

STANDORT

ERNTEZEIT

1 2 3 4 5 6 7 8 9 10 11 12

ABFÜLLDATUM

REGISTER

Nadja Buchczik

AUTORIN UND FOTOGRAFIN

Seit dem Abschluss ihres Fotografiestudiums an der Fachhochschule Bielefeld arbeitet Nadja Buchczik als freie Fotodesignerin. Mit Hingabe fotografiert sie Geschichten, die Magazine und Bücher verschiedener Sparten illustrieren. Ob Porträt, Garten oder Food – ihre Bilder überzeugen durch eine ebenso gefühlvolle wie frische Optik.

Auf ihrem Küchenbalkon sät und erntet die leidenschaftliche Freizeitgärtnerin vieles, was direkt auf den Tisch kommt. Duftende Kräuter, süße Himbeeren, kleine Johannisbeertomaten und junge Zucchini lassen ihr Gärtner- und Genießerherz höherschlagen.

www.nadjabuchczik.de

Dankeschön

VIELMALS & HERZLICH

Großer Dank und Erinnerung gilt meinem Opa. Seine Art, leidenschaftlich zu gärtnern – mit großer Geduld und stets leise summend –, hat mich fasziniert und bei mir die Freude am Gärtnern geweckt. Der Geschmack seiner selbst gezogenen Gurken und Tomaten bleibt unvergessen!

Ein Buch kann nur mithilfe besonderer Menschen wachsen und gedeihen.

Mein ganz besonderer Dank geht daher an *Stefanie Syren*, die mit Leidenschaft, fachlichem Rat, guten Tipps und Ideen die Entstehung dieses Buchs begleitet hat. Für die erneut fröhlich frische Zusammenarbeit sage ich herzlich Danke!

Ein großes Dankeschön geht an *Laura Kappen* für die Bilder aller Situationen, in denen ich vor und nicht wie gewohnt hinter der Kamera stand.

Florian und *Bruno* danke ich für die immer offen stehende Balkontür und den regen Austausch über Tomoffel, Heidelbeere und Co …

Danke auch an *Annely Tiedemann* und *Anna Schmitt* aus dem Team der Edition Michael Fischer für die sympathische Zusammenarbeit. *Verena Raith*, vielen Dank für die schöne, frische Gestaltung des Buchs.

Bibliografische Information der Deutschen Bibliothek.

Die Deutsche Bibliothek verzeichnet diese Publikation in der Deutschen Nationalbibliografie.

Detaillierte bibliografische Daten sind im Internet über http://www.dnb.de/ abrufbar.

EIN BUCH DER EDITION MICHAEL FISCHER

1. Auflage 2018

© 2018 Edition Michael Fischer GmbH, Igling

Covergestaltung und Layout: Verena Raith
Satz: Mirjam Oppelt
Produktmanagement: Anna Schmitt, Annely Tiedemann
Redaktion und Lektorat: Stefanie Syren, Freising
Fotos: Alle Bilder © Nadja Buchczik, außer: S. 4/links oben, S. 6, S. 9, S. 20/rechts, S. 26/links, S. 28/links, S. 40/rechts, S. 94/rechts, S. 110 © Laura Kappen; S. 5/links oben + S. 73 + S. 90/oben © Yakimova Elena/Shutterstock, S. 5/rechts + S. 92 + S. 95/links © Kostiantyn Kravchenko/Shutterstock, S. 12/links + Umschlagrückseite/unten © martiapunts/Shutterstock, S. 14 © Wondervisuals/Shutterstock, S. 21 © funnyangel/Shutterstock, S. 24/links © Franz Peter Rudolf/Shutterstock, S. 24/rechts © Ondacaracola/Shutterstock, S. 32 © FCerez/Shutterstock, S. 33/rechts oben © vallefrias/Shutterstock, S. 33/links unten © Henrik Larsson/Shutterstock, S. 37/links © Nadalina/Shutterstock, S. 37/rechts © Kanokrat Thaiwatcharamas/Shutterstock, S. 38 © Yato Kenshin/Shutterstock, S. 40/links © Irene Romanova/Shutterstock, S. 42 © Csstock7/Shutterstock, S. 43/rechts © nito/Shutterstock, S. 45/links © Federherz/Shutterstock, S. 45/rechts © Dezajny/Shutterstock, S. 50/links © Altin Osmanaj, S. 54 © Nadeene/Shutterstock, S. 55/rechts © TunedIn by Westend61, S. 56 + S. 60/oben © JM Fotografie/Shutterstock, S. 57/rechts © ason/Shutterstock, S. 58 sematadesign/Shutterstock, S. 59/oben © Nattiya/Shutterstock, S. 59/unten © Valentina_G/Shutterstock, S. 65/unten © Linda Hall/Shutterstock, S. 68/unten © Kazakov Maksim/Shutterstock, S. 70/oben © ua.lazarus/Shutterstock, S. 71/unten © Dora Zett/Shutterstock, S. 75 © EagleEyes/Shutterstock, S. 76/links © Miyuki Satake/Shutterstock, S. 76/rechts © Javier Rosano/Shutterstock, S. 78/links © marcin jucha/Shutterstock, S. 78/rechts © Iuliia Kudrina/Shutterstock, S. 81/links © Marbury/Shutterstock, S. 81/rechts © Vadym Zaitsev/Shutterstock, S. 83 © Shebeko/Shutterstock, S. 85/oben © Sarah Renae Clark/Shutterstock, S. 85/unten © bonchan/Shutterstock, S. 88/oben © DenisNata/Shutterstock, S. 90/unten © Kuttelvaserova Stuchelova/Shutterstock, S. 94/links © Dory F/Shutterstock, S. 95/rechts © Chatsushutter/Shutterstock, S. 96/links © geertweggen/Shutterstock, S. 96/rechts © LianeM/Shutterstock, S. 97 © Marko Aliaksandr/Shutterstock, S. 98 © Roman Samokhin/Shutterstock, S. 99/links © Gyuszko-Photo/Shutterstock, S. 99/rechts © ElinaIS/Shutterstock, S. 100 © Floki/Shutterstock, S. 101/links unten © Plotitsyna NiNa/Shutterstock, S. 101/rechts oben © decoplus/Shutterstock, S. 102 © Cora Mueller/Shutterstock, S. 105/unten © olenaa/Shutterstock, S. 111 © Avillfoto/Shutterstock, Umschlagrückseite/Hintergrund © Jeanette Dietl/Shutterstock, Icons: © shutterstock.com.

ISBN 978-3-86355-881-9

Printed in Slovakia

www.emf-verlag.de